나태한
완벽주의자

How To Do Things You Hate: Self-Discipline to Suffer Less, Embrace the
Suck, and Achieve Anything (Live a Disciplined Life)
Copyright ⓒ 2023 by Peter Hollins
Korean translation rights arranged with PKCS Mind Inc. through TLL Literary
Agency and BC Agency All rights reserved.

No part of this publication may be used or reproduced in any form or by
any means without written permission except in the case of brief quotations
embodied in critical articles or reviews.
Korean Translation Copyright ⓒ 2025 by Nexus Co., Ltd.

이 책의 한국어판 저작권은 BC에이전시를 통해 저작권자와 독점계약한 넥서스에 있습니다.
저작권법에 의해 한국 내에서 보호를 받는 저작물이므로 무단 전재와 복제를 금합니다.

나태한 완벽주의자

지은이 피터 홀린스
옮긴이 박정은
펴낸이 임상진
펴낸곳 (주)넥서스

초판 1쇄 발행 2025년 5월 1일
초판 8쇄 발행 2025년 11월 30일

출판신고 1992년 4월 3일 제311-2002-2호
주소 10880 경기도 파주시 지목로 5 (신촌동)
전화 (02)330-5500 팩스 (02)330-5555

ISBN 979-11-94643-13-5 03190

저자와 출판사의 허락 없이 내용의 일부를
인용하거나 발췌하는 것을 금합니다.

가격은 뒤표지에 있습니다.
잘못 만들어진 책은 구입처에서 바꾸어 드립니다.
www.nexusbook.com

나태한
완벽주의자

실패가 두려워
멈춰 선 당신에게

피터 홀린스 지음

박정은 옮김

넥서스BIZ

― 시작하며 ―

왜 우리는 완벽한 결과물을 꿈꾸면서도 아무것도 하지 못한 채, 항상 그 자리에 멈춰 있는 걸까요? 이 책은 바로 그 질문에서 출발합니다. 나태한 거라고, 게으른 거라고, 혹은 의지력 부족이라고 쉽게 규정해 버린 감정의 이면에는 보다 복잡한 심리의 층위가 숨어 있습니다. 『나태한 완벽주의자』는 그런 마음의 흐름을 집요하게 따라갑니다. 나태해져 있는 나를 나무라기보다는, 내가 왜 멈춰 서 있을 수밖에 없었는지를 날카롭게 해부하고, 실천 가능한 작은 해결법들을 무수히 제시합니다.

최근 우울증이나 무기력증에 빠진 2030세대들이 집에 쓰레기를 산처럼 쌓아 놓는 것이 사회적 이슈가 된 적이 있습니다. 어느 전문가는 쓰레기를 버리는 의사 결정마저 노동으로 생각해 쓰레기를 버리지 않기 때문이라고 분석했는데요. 누군가에게는 혀를 쯧쯧 내두를 일이지만, 나태해지는 무기력의 경험을 지속적으로 반복해 본 사람에게는 '남일 같지 않은' 일처럼 느껴졌을 수도 있습니다. 『나태한 완벽주의자』는 이런 무기력을 겪었을 많은 분께 단지 더 열심히 하라는 말 대신, 지금 이 상태로도 출발할 수 있다는 다정한 가능성을 전합니다.

불편함을 두려워하지 않고, 그 안에서 스스로 앞으로 전진하는 사람만이 결국 '나태함' 너머의 삶을 만날 수 있습니다. 이 책을 덮는 순간, 그동안 멈춰 있던 또는 쌓여 있던 우리의 하루가 아주 조금은 달라져 있기를 진심으로 바랍니다.

한국어판 편집부

목차

시작하며 · 4

PART1 나는 왜 나태해지는 걸까? · 9

게으름의 다양한 유형 · 14
자기 극복의 다섯 가지 장애물 · 29
경험 회피 이해하기 · 48

PART2 나태함을 거부하는 사고방식 훈련 · 63

불편함을 받아들이는 방법 · 67
ACT를 활용한 심리적 유연성 기르기 · 83
감정 조절의 90초 법칙 · 102

PART3 나태함을 이기는 작지만 강한 습관 · 119

미루기의 파멸 고리 · 123

손전등 찾기 · 135

집중력의 화살 모델 · 148

스파르타식 자기 절제 – 제거를 통한 개선 · 160

PART4 오늘부터, 꾸준한 자기 관리 · 173

울트라디언 리듬을 활용하기 · 178

경기 전 루틴 · 190

중요한 일 먼저 하기 · 199

절대 멈추지 않는 약속 · 213

PART

1

나는 왜
나태해지는 걸까?

★★★★★★★

★★★★★

 조금 늦게 일어났는데도 온몸이 천근만근이다. 해야 할 일이 잔뜩 적힌 노트를 보는 것만으로도 진이 빠진다. 간신히 몸을 일으켜 억지로 하루를 시작할 준비를 하고, 마치 교도관이 죄수들을 감시하듯 스스로를 채찍질하며 일을 시작한다. 하지만 이내 잡념에 빠진다. 일을 시작한 지 겨우 5분 만에 '나중에 시작해도 되지 않을까?'라는 생각이 고개를 든다. 곧이어 익숙한 핑계들이 줄줄이 떠오른다. '어차피 지금 시작해도 너무 늦은 거 아닐까?', '너무 피곤해. 그러고 보니 감기 기운도 좀 있는 것 같은데?', '사실 뭘 해야 할지도 잘 모르겠어.' 그러다가, '이 일은 나중에 해도 되지 않나? 지금 시작한다면 내가 생각한 것만큼 완벽하게 되지 않을 거야.'라는 생각에 이르게 된다. 그러다 보면 어느새 멍하니 스마트폰을 들여다보고 있거나 별로 중요하지 않은 일에 매달리고 있다. '옷을 색깔별로 정리해야 했어. 그래야 옷장을 열었을 때 더 깔끔하잖아.' 더 나쁜 건, 해야 할 일을 미루면서도 제대로 쉬는 기분은 들지 않는다는 것이다. 일을 피하고 있지만 마음 한구석엔 죄책감과 불안이 자리 잡고 있어, 전혀 즐겁지 않다. 쉬는 것 같지도 않고, 그렇다고 할 일을 마친 것도 아니다. 해야 할 일이 여전히 기다리고 있다는 부담감이 머릿속을 떠나지 않아 진정으로 쉬는 것처럼 느껴지지 않는다. 간신히 정신을 다잡고 다시 일에 집중하려 하지만, 일은 따분하고, 어렵고, 잘 해내야 한다는 부담감만이 크게 느껴진다. 애써 노력하다가도 불과 몇 분 만에 다시 멈춰버린다. 하루가 끝날 무렵, 제대로 해낸 일은 거의 없지만, 이상하게도 몸과 마음은 완전히 지쳐 있다. 다음 날 아침, 해야 할 일이 전날보다 더 길고 더 무겁게 느껴진다. 이 상황이 익숙하다면, 아마 이런 의문을 떠올린 적이 있을 것이다. '도대체 나는 왜 이러는 걸까?!'

가장 간단한 대답은 다음과 같다. "당신은 게으르다."

하지만 이 복잡한 행동 패턴을 단순히 '게으름'으로 진단하는 것은 그 자체가 다소 게으른 것이다. 당신의 발목을 붙잡고 목표에 이르지 못하게 방해하는 요인이 있다. 그것이 미루는 습관이든, 실패에 대한 두려움이든, 혹은 피로든 간에 단순히 회피하려고만 한다면 왜 스스로가 이런 방식으로 행동하는지 결코 이해할 수 없게 된다. 이 책을 읽다 보면, 이러한 행동을 단순히 '게으름'이라고 성급히 규정하는 것이야말로, 이러한 행동 방식에서 벗어나지 못하게 만드는 생각과 습관의 일부임을 깨닫게 될 것이다. 따라서 우리는 이 책을 '나태함을 이겨내는 10가지 방법'과 같은 주제로 시작하지 않을 것이다. 대신, 게으름이란 무엇인지 깊이 이해하는 것으로 시작하려 한다. 당신이 나태해진 데에는 이유가 있다. 그 이유를 이해하면, 지금과는 다르게 행동할 수 있는 가능성이 열린다. 반대로, 왜 지금처럼 행동하는지 이해하려 하지 않는다면, 끊임없이 문제를 해결하려 애쓴다 해도 애초에 문제를 일으켰던 사고방식은 여전히 그대로기 때문에 그 상태에서 계속 벗어나지 못할 가능성이 크다.

게으름의 다양한 유형

그렇다면 이제 이 문제에 대해 호기심 많으면서도 중립적이고 분석적인 태도로 접근해 보자. 먼저, 게으름이란 무엇일까? 게으름은 어떤 일을 수행하는 데 필요한 노력을 기울이려 하지 않는 의식적인 태도로 정의할 수 있으며, 이 노력에는 정신적, 육체적 노력이 모두 포함된다. 사람들은 게으름을 피우면 나중에 더 많은 일을 해야 하고, 기회를 놓치거나 부정적인 감정을 느낄 수 있다는 것을 알면서도 종종 게으름을 피운다. 게으름에 대한 명확한 심리학적 정의는 존재하지 않는다(다만, '성실성'이 낮게 측정되는 것과 연관이 있다). 이는 게으름이라고 부르는 현상이 사실은 행동, 신념, 태도, 습관, 감정 등이 얽힌 집합체이기 때문일 것이다. 게으름은 종종 미루는 습관, 동기 부족, 우울증, 자기 통제력 부족, 주의 산만으로 인한 집중력 부족, 목표와 노력에 대한 부정적인 태도, 왜곡된 자기 인식 등의 상태와 겹쳐 보이지만, 이들과 분명히 구별된다.

더욱이 게으름은 단순히 이러한 요인들의 결과일 뿐만

아니라, 이차적인 행동과 생각, 감정을 촉발하기도 한다. 우리는 게으름을 피우고 난 뒤 스스로를 비난하거나 수치심을 느끼고, 결국 자신은 게으름에서 벗어날 수 없는 사람이라는 잘못된 결론에 이르게 될 수도 있다. 만약 오랜 시간 동안 게으름과 싸워왔다면, 이러한 부정적인 감정과 생각을 직면하는 일이 불편하게 느껴질 것이다. 그러나 이 과정을 거치는 것이야말로 지금 벌어지고 있는 일을 제대로 이해하는 유일한 방법이다. 현재 우리가 생각하고 느끼는 방식에 대한 불편한 진실을 회피하면 문제를 더 통찰력 있게 바라보지 못하고, 나아가 근본적으로 변화할 기회를 놓치게 된다.

게으름(더 적당한 표현이 없어 이렇게 부르지만)의 원인은 사람마다 다르며, 이를 해결하는 방법도 마찬가지다. 다행히 그 해결책을 찾는 데 필요한 것은 열린 마음, 약간의 호기심, 그리고 스스로를 이해하고 받아들이려는 자세뿐이다. 이후의 장에서는 좋은 습관을 만들고, 자기 절제를 실천하며, 정신적 강인함을 기르는 다양한 방법을 탐구할 것이다. 하지만 그 모든 것의 첫걸음은 지금의 자신과 상태를 부끄러움 없이, 있는 그대로 받아들이는 것이다. 아래에서 소개할 게으름의 유형(사실은 게으름의 근본적인 원인에 더 가깝다)들을 읽으면서, 그중 자신의 모습에 해당하는 부분이 있는지 살펴보자. 하나 이상의 유형에 공감하게 될 수도 있다.

● 혼란스러움

"무엇을 해야 할지 모르겠어."

무언가를 해야 한다는 건 알고 있지만, 정확히 무엇을 해야 할지 몰라 갈피를 잡지 못할 때가 있다. 예를 들어 새로운 사업을 시작하려고 하지만, 한 번도 해본 적이 없는 일이라고 가정해 보자. 웹사이트를 만들어야 한다는 막연한 생각으로 할 일 목록에 단순히 '웹사이트'라고 적어두지만, 그게 구체적으로 무엇을 의미하는지 알지 못한다. 책상에 앉아 일을 시작하려 하지만, 방향을 못 잡고 헤매기만 한다. 그러다 보니 점점 불안감이 커지고, 결국 그 일을 미루거나 포기해 버리게 된다. 심지어 스스로가 어리석고 무능하게 느껴지기까지 한다.

사실, 당신은 게으른 게 아니다. 혼란스러운 것이다! 무엇을 해야 할지, 다음 단계가 무엇인지 모르는 것이다. 이런 혼란스러움은 계획 및 조직 능력의 부족, 자신의 역할에 대한 명확성이 부족한 문제와 관련이 있을 수 있다.

빠른 해결책 한 걸음 물러서서 명확성이 부족하다는 사실을 인정하라. 시간을 들여 필요한 정보를 찾아보고 깊이 생각하는 과정이 필요하다. 먼저 질문을 던져 혼란을 해소해야 한다는 사실을 받아들이는 것이 중요하다. 그래야만 비로소 행동을 시작할 수 있다. 예를 들어, 사업 계획을 세우는 데 어려움을 겪고 있다면, 목표와 전반적인 전략을 명확히 하기 위해 비즈니스 코치를 만나 조언을 구할 수 있다. 그런 다음, 구체적인 실행 계획을 세우면 더 이상 방향을 잃지 않고 앞으로 나아갈 수 있다.

• 두려움

"난 할 수 없어."

두려움은 우리를 마비시킬 수 있다. 여기에서의 두려움은 행동을 한 이후에 벌어질 일을 예상하며 나타나는 반응이다. 예를 들어, 우리는 웹사이트 만드는 일을 미룬다고 가정해 보자. 웹사이트가 허술해 보일까 봐, 사람들이 방문하지 않을까 봐, 잘못 만들까 봐, 혹은 우리가 사실 엉터리 사기꾼이라는 사실이 드러날까 봐 두렵기 때문이다. 이러한 두려움의 문제는 그것이 현실에 근거한 것이 아니라, 상상에 뿌리를 두고 있다는 점이다. 과도한 두려움을 느끼는 당신은 자기만의 독특한 방식으로, 바람직하지 않다고 생각하는 결과로부터 스스로를 보호하려고 하는 것이다. 행동하지 못하는 가장 큰 이유는 부정적인 결과가 발생할 가능성을 피하려 하기 때문이지만, 때로는 긍정적인 결과를 피하려는 경우도 있다. 예를 들어, 목표를 이루게 되면 자신이 항상 실패하는 사람이라고 여겼던 자기 인식을 재고해야 할 수도 있고, 그러면 성공이 두렵게 느껴질 수 있다! 미루는 습관이 우리의 성장을 방해한다는 사실을 잘 알고 있지만, 그런데도 이를 유지하는 이유는 그것에서 오는 익숙한 편안함과 예측 가능한 안정감이 있기 때문이다.

빠른 해결책 두려움을 피하지 말고 포용하라. 두려움을 정면으로 마주하고 받아들이되 두려움이 행동하지 않는 이유가 되어서는 안 된다. 다시 말해, 행동과 감정을 분리하라. 당신은 어떤 감정을 느끼든 상관없이 언제나 행동할 수 있다. 두려움을 느끼는 것 자체는 위험하지 않으며, 두렵다고 해서 행동을 멈출 필요는 없다.

이 부분은 나중에 더 자세히 다루겠지만, 지금 당장 두려움에서 벗어날 수 있는 좋은 방법은 작은 행동부터 시작하는 것이다. 한 걸음씩 천천히 나아가야 한다. 우선 아주 작은 첫걸음을 내디뎌 보고, 그것을 마쳤다면 다음 걸음을 이어가면 된다. 하지만 눈앞의 작은 한 걸음에만 집중하고, 다른 것은 신경 쓰지 않아야 한다. 두려움을 느끼면서도 행동할 수 있다는 것을 스스로에게 증명해 보여라. 그러면 자신감이 생긴다. 그리고 대부분의 경우, 그 두려움이 얼마나 근거 없는 것이었는지 깨닫게 된다.

• 고정 마인드셋

"실패하면 안 돼."

실패에 대한 두려움과 밀접하게 연관된 것은 실수하거나 다른 사람들에게 어리석어 보이는 것에 대한 두려움이다. 무의식적으로 우리는 어설픈 모습을 보이게 될까 봐 행동을 망설이고, '게으름'을 통해 그런 당혹감을 피하려 하기도 한다. 예를 들어, 소설을 쓰겠다는 꿈을 가진 사람이 스스로 재능과 지능이 충분하다고 믿을 수 있다. 하지만 실제로 몇 장을 써 보면, 자신이 아직 어설픈 초보자일 뿐이며, 첫 시도로 완성된 작가가 될 수 없다는 현실을 깨닫게 된다. 다음 단계로 초고를 공유하고 피드백을 요청할 수도 있지만, 이는 부끄럽게 느껴진다. 대신, 그는 이 계획을 완전히 포기해 버린다. 남은 인생 동안 이런 말을 하며 살아갈지도 모른다. "구상해 둔 소설이 하나 있어. 언젠가 시간이 나면 쓸 거야." 그러나 문제는 시간이 아니다. 그것은 단지 핑계일 뿐이다. 진짜 문제는 좋은 작가가 되는 데 필요한 배움의 과정을 기꺼이 견디려 하지 않는 데 있다.

이는 고정 마인드셋Fixed Mindset이라 불리며, 재능과 지능이 타고나는 것이고 변하지 않는다고 여기는 사고방식이다. 즉, 좋은 작가는 타고나는 것이며, 자신이 좋은 작가인지 아닌지는 이미 정해져 있다는 사고방식이다. 이런 사고방식의 결과로, 자신이 좋은 작가가 아니라는 어떤 증거라도 마주치면 곧바로 포기해 버린다. 이는 배움의 가능성을 무시하는 것이다. 반면, 성장 마인드셋growth mindset은 재능과 기술을 발전시킬 수 있는 것으로 본다. 따라서 초보자로서 실수를 하는 것은 성취를 방해하는 것이 아니라, 성취로 가는 현실적인 과정이라고 여긴다.

빠른 해결책 "실패하면 안 돼." 혹은 "실패하지 않을 거야." 같은 말을 스스로에게 하지 말아야 한다. 또한, '나는 똑똑하고 대단한 사람이다'라는 식의 생각을 멈추어야 한다. 이런 생각은 동기 부여가 아니라, 오히려 취약한 사고방식일 뿐이다. 대신, '실패'는 더 나아지기 위해 반드시 거쳐야 하는 과정일 뿐이라고 받아들여라. 실패를 배움으로, 도전을 기회로 새롭게 정의하라. 어떻게 해야 할지 모르는 상황을 당연하게 받아들여라. 배움의 과정에서 자존심을 내려놓아야 한다. 예를 들어, 초고가 엉망임을 깨달았다면, 전문가의 피드백을 받아라. 그리고 그것을 자신에 대한 평가가 아니라 개선의 기회로 받아들여라.

• 피로

"너무 피곤해서 도저히 할 수 없어."

우선 당연히, 너무 피곤해서 행동할 수 없을 때도 있음을 인정하자. 우리는 인간이며, 우리의 에너지 자원에는 한계가 있다. 휴식이 반드시 필요하다. 그렇지만, 우리가 느끼는 무기력함의 상당 부분은 순전히 심리적인 것이다. 이는 사람마다 정신적 피로나 육체적 피로의 미묘한 신호를 알아차리고 해석하는 방식이 서로 다르기 때문이다. 생리적인 한계를 바꿀 수는 없지만, 에너지 수준이 변할 때 이를 어떻게 받아들이고 의미를 부여할지는 충분히 바꿀 수 있다. 가령 어느 날 아침, 교과서의 한 챕터를 읽고 요약해야 한다고 가정해 보자. 하지만 너무 피곤해서 "너무 졸려서 못 하겠어."라고 말하고 결국 아무것도 하지 않는다면, 이는 상황을 수동적이고 비관적으로 바라보는 태도다. 더 능동적이고 긍정적인 접근 방식은 때때로 피곤함을 느낄 수 있다는 사실을 받아들이고, 이를 포용하며, 그 상태에서 어떻게 일할 수 있을지 고민하는 것이다. 이렇게 하면, 단순히 '이유 없이 피곤하다'라는 막연한 생각에서 벗어나, 최근 일주일 동안 자정이 지나서야 잠자리에 든 자신의 생활 방식을 인지할 수 있게 된다.

빠른 해결책 당신의 피로가 무엇을 말해주고 있는지 생각해 보라. 그 메시지를 받아들여 의식적으로 행동을 결정하자. 만약 생활 방식에 문제가 있다면 이를 바로잡아라. 더 잘 먹고, 잠을 충분히 자고, 휴식을 자주 취하라. 또한, 잠시 시간을 내서 스스로에 대한 기대를 다시 점검해 보라. 그 기대는 현실적인가? 혹시 당신은 실제로 피곤한 것이 아니라 단순히 회피하거나 두려워하고 있는 것은 아닌가? 그 피로감이 어떤 의미를 전달하는지 호기심을 가져보라. 만약 정말로 기진맥진해서 한 챕터를 끝낼 힘조차 없다면, 그것도 괜찮다. 피곤함을 인정하고 절반만 끝내자. 내일 다시 시도하면 된다.

● **무관심**

"난 전혀 신경 쓰지 않아.", "그건 그다지 중요하지 않아."

무관심은 사실 겉으로 드러나는 가면일 뿐이다. 그 가면 아래에는 분노, 적대감, 반항심, 억울함이 숨어 있다. 이 감정을 무시하지 마라. 무관심은 목표가 진정으로 자신과 맞지 않다는 신호일 수도 있으며, 어쩌면 목표 자체가 애초부터 잘못 설정되었을 가능성도 있다. 무관심 속에 숨겨진 반항심은 반복적으로 무시된 경고 신호나, 자신 또는 타인에 의해 지속적으로 침해된 경계선에서 비롯된 감정일 때가 많다.

무관심은 우울증의 징후일 수도 있지만, 이 맥락에서는 오히려 우울증을 유발하는 원인으로 보는 것이 더 적절하다. 예를 들어, 어린 시절부터 엘리트 운동선수가 되도록 끊임없이 격려를 받아온 사람이 있다고 하자. 그는 결국 운동을 싫어하게 될 수 있다. 이는 운동을 잘하지 못하거나 능력이 부족해서가 아니라, 운동을 향한 동기가 본인의 의지가 아니라 타인의 기대에서 비롯되었기 때문이다.

빠른 해결책 자신의 원칙과 가치관을 다시 평가해보라. 현재의 목표가 그것들과 일치하는지 점검하기 위해 처음부터 다시 고민해보는 것이 필요하다. 목표에 대한 흥미를 잃었다면, 아마도 처음 그 목표를 설정했을 때 영감을 줬던 비전과 목적의식에서 멀어진 탓일 수 있다. 또 다른 가능성은 그 목표를 실제로 원하지 않기 때문에 화가 났을 수도 있다. "신경 쓰지 않아."라고 말하는 이유가 정말로 그 목표에 관심이 없기 때문이라면, 진짜로 관심 있는 것은 무엇인지 생각해보라. 그 목표에 호기심을 가져보는 것이 중요하다.

• 자신에 대한 믿음 부족

"나는 그냥 게으른 사람이야. 예전부터 그랬어."

혹시 스스로에게, 혹은 다른 사람들에게 자신이 인내심이 부족하다거나, 자기 절제나 동기 부여가 부족하다고 자주 말하고 있지 않은가? 고정 마인드셋이 깊이 자리 잡으면, 그것이 정체성의 일부가 되어버린다. 자신을 성취하지 못하는 사람으로 규정하는 것은 스스로를 제한하는 가장 큰 걸림돌이 될 수 있다. 왜냐하면 그 순간부터 모든 행동, 성장, 개선을 정체성을 위협하는 일로 여기게 되기 때문이다. 즉, 이런 변화가 당신 자신을 바꾸는 것처럼 느껴지기 때문에 거부감이 드는 것이다.

빠른 해결책 순간적인 생각이나 감정을 과도하게 자신과 동일시하지 말라. 마음챙김 명상이 이런 경우에 도움이 될 수 있다. 하루쯤 게으르게 지냈다고 해서 자신이 게으른 사람이라고 단정 지을 필요는 없다. 또한, 그 하루가 당신이라는 인간을 정의한다고 생각할 이유도 없다. 사람은 다양한 모습일 수 있다는 사실을 받아들이되, 그것이 반드시 자신을 나타내는 것도 아니며, 특히 자신이 취할 수 있는 행동을 제한하지 않는다는 점을 기억하라. 즉, 당신이 며칠 동안 게으르게 지냈다고 해서 오늘 아침에 일어나 다시 게으름을 피울 운명에 놓여 있는 것은 아니다. 언제든 자유롭게 선택할 수 있다. 자신을 어떤 고정된 인물로 규정짓고, 그 인물에게 맞는 방식으로만 행동하려고 스스로를 제한할 필요는 전혀 없다.

• 의욕 상실

"지금 모든 게 엉망이야. 전혀 달라질 게 없어."

이런 유형의 게으름은 고정 마인드셋과 자신에 대한 믿음 부족보다는, 낙담과 희망 상실에서 비롯된다. 마치 자신이 희생자인 것처럼 느껴지는 순간, 행동하려는 동기가 크게 약화될 수 있다. 자신의 행동이 세상에 의미 있는 영향을 미칠 수 있다는 믿음을 잃어버렸기 때문에, 애써 노력할 이유조차

찾지 못하게 되는 것이다.

빠른 해결책 이 문제에 대한 즉각적인 해결책은 없지만, '나는 불쌍하다'라는 태도를 단호하게 버리는 것이 시작점이 될 수 있다. 평온의 기도 Serenity Prayer를 새로운 좌우명으로 삼아보라. 아니, 아예 가슴에 새겨 넣고 절대 잊지 않겠다고 다짐하라. "내가 바꿀 수 없는 것을 받아들이는 평온함과 바꿀 수 있는 것을 바꿀 용기, 그리고 그 둘을 분별하는 지혜를 허락하소서." 우리가 실제로 통제할 수 없는 것들에 너무 오랫동안 주의를 기울이면 좌절하게 될 수 있다. 그 상황에서 벗어나는 방법은 바로잡을 수 있는 것들에 집중하고 애초에 통제할 수 없었던 것들은 우아하게 받아들이는 법을 배우는 것이다.

• 편안함 추구
"일단 이 재밌는 것부터 하고, 나중에 해야지."

앞에서 이야기한 7가지 게으름은 사실 게으름이라고 보기 어렵다. 하지만 이 마지막 유형은 진짜 게으름이다. 단순히 편안함과 편리함을 노력과 수고보다 더 좋아하는 것이다. 바로 이것이 '순수한' 게으름이며, 우리 모두에게서 나타날 수 있는 것이다. 이것은 심각한 정신 건강 문제이거나 깊이 고민해야 할 문제가 아니다. 이런 게으름은 단순히 재미있는 유튜브 영상을 보는 게 그 주의 예산을 짜는 것보다 더 재미있고 편하다고 느꼈기 때문에 발생하는 것이다. 이는 적은 노력이나 불편함조차 피하며 편안함을 더 중요하게 생각하는 태도에서 비롯된다.

빠른 해결책 그냥 그러지 말라! 인간 본성에 대해 이해해야 할 거창한 정신분석 이론도 없고, 어린 시절의 커다란 트라우마를 들춰볼 필요도 없다. 이런 형태의 게으름은 그냥 게으른 것이고, 유일한 해결책은 필연적으로 약간 불편하고 귀찮아지는 것일 수밖에 없다. 인생에서 마주하게 될 게으름이 이런 형태의 게으름뿐이라면 운이 좋은 것이다. 해결책이 정말 간단하기 때문이다. 의지를 다잡고, 행동으로 옮기고, 꾸준히 실천하라. 쉽지는 않겠지만, 간단하다!

다음 단계로 넘어가기 전에 잠시 멈춰, 자신의 삶에서 어떤 유형의 게으름이 가장 두드러지는지 생각해 보라. 아마도 여러 유형이 섞여 있을 가능성이 크다. 또한, 당신의 행동을 유발하는 근본적인 심리적 원인을 단순한 편안함 추구(즉, 정말로 게으른 것)와 구분하는 것도 중요하다. 각각의 해결책은 서로 다르고 배타적이기 때문이다. 만약 어떤 게으름인지 확신이 서지 않는다면, 며칠 동안 자신의 마음속 대화를 주의 깊게 들어보라. 왜 행동하지 않는지, 어떤 이유나 변명을 스스로에게 들려주는지 관찰해 보라. 또한, 그 과정에서 주로 느끼는 감정에도 주목하라. 이러한 감정들이 당신이 경험하고 있는 게으름의 유형을 파악하는 데 중요한 단서를 제공할 수 있다.

자기 극복의 다섯 가지 장애물

결론적으로, "나는 왜 나태해지는 걸까?"라는 질문에 대한 답은 "아마도 여러 가지 이유가 있을 것이다!"로 정리할 수 있다. 행동하지 못하는 이유는 다음과 같을 수 있다. 무관심,

두려움, 극심한 피로, 잘못된 생활 습관, 부실한 계획과 부족한 조직력, 분노와 적개심, 목표와의 불일치, 절망감이나 무력감, 자신에 대한 믿음 부족, 또는 행동하는 것이 자신의 정체성과 맞지 않다고 믿는 것, 혹은 가장 평범한 의미에서 그냥 게으르기 때문일 수도 있다. 지금까지 몇 가지 '빠른 해결책'을 살펴보았지만, 사실 대부분의 게으름 문제에 대한 궁극적인 해결책은 단순한 절제력이 아니라 자기 극복이다. 자기 절제Self-Discipline라는 개념은 자신의 목적을 이해하고 궁극적으로 자기 극복Self-Mastery을 이루는 과정과 깊이 연관되어 있다. 이는 인내심과 절제력, 자기 인식을 기르는 데 전념하는 것을 의미한다. 이러한 전념은 목표 추구, 자기 계발, 심지어 무술 수련과 같은 다양한 삶의 영역에서 필수적이다. 이 과정은 장기간의 심리적 장애, 단순한 편안함 추구 성향, 혹은 그 두 가지가 결합된 원인에서 비롯된 문제를 해결하는 데 적용될 수 있다.

소림의 수도승들은 자기 극복에 대해 잘 알고 있다. 소림 무술의 대가가 되기 위해서는 약 30년에 걸쳐 몸과 마음의 상호작용을 연구하고 연마하는 데 전념해야 한다. 이러한 수행은 소림 무술의 문화와 철학과 일치하며, 이는 1,500년이 넘는 역사 속에서 확립되어 온 것이다. 이 철학 내에서 중요한 가르침 중 하나는 '자기 극복의 다섯 가지 장애물'이다. 이러한 장애물은 명확한 인식, 현명한 의사결정, 목표 달성, 조화로운 삶을 방해하는 핵심적인 정신 상태를 나타낸다. 우리는 이러한 장애물을 인식하고 극복함으로써, 자기 절제력을 키우고, 자기 극복의 길로 들어설 수 있다.

우리는 자기 절제를 다소 피상적으로 이해하는 경향이 있다. 이를 단순히 의지력을 발휘하는 것 또는 스스로를 억누를 수 있는 강인함 정도로 여긴다. 하지만 소림과 같은 무술 수련에서는 훨씬 더 깊고 다층적인 자기 절제가 필요하다. 이를 제대로 이해하려면 보다 세련된 관점이 요구된다. 무술 수련은 힘과 민첩성, 기술을 기르기 위한 신체적 훈련뿐만 아니라 집중과 몰입, 감정 조절 능력을 향상시키기 위한 정신적 훈련도 필요하다. 물론 당신은 소림의 수도승이 아니고, 수도승이 되고 싶지도 않을 것이다. 하지만 소림 수도승의 전략을 받아들인다면 당신의 삶도 충분히 개선될 수 있다.

이제 소림 수도승의 관점에서 생각해봄으로써 '게으름에 대한 이해력'을 더욱 높여 보자. 동양적 관점은 서양의 심리학적 접근과 달리, 철학적, 도덕적, 지적 노력을 통한 지혜롭고 건강한 삶의 실천에 중점을 둔다. 소림의 수도승은 다음과 같이 말할 것이다. "현재 어려운 상황에 처한 것이 당신의 책임은 아닐 수 있지만, 그 상황에서 벗어나는 것은 결국 당신의 책임이다." 이제, 이 장애물들이 무엇인지 더 자세히 살펴보자.

감각적 욕망

마감일이 얼마 안 남은 프로젝트 때문에 열심히 일하고 있다고 가정해 보자. 하지만 주방에 놓인 먹다 남긴 치킨 조각을 먹고 싶다는 충동에 끊임없이 주의가 산만해진다. 처음에는 집중하려는 의도가 있었음에도 불구하고, 그 치킨이 약속하는 감각적 자극에 대한 욕망이 당신을 일에서 멀어지게 만든다. 감각적 욕망이란 단순히 시각, 청각, 촉각, 미각, 후각 등 감각을 통해 주어지는 다양한 자극에 의해 주의가 산만해지는 것을 의미한다. 이는 단순히 맛있는 음식을 찾는 것뿐만 아니라, 수면이나 휴식을 즐기는 것 등을 포함한다. 약간 추운 상태에서 바르게 앉아 있기보다 편안한 자세로 따뜻하게 웅크리고 있는 것을 더 선호하는 것도 감각적 욕망의 일종이다.

감각적 욕망을 극복하기 위해서는 현재의 순간에 집중하는 대신, 감각적 욕망에 굴복했을 때의 장기적인 결과를 고려해야 한다.

감각은 현재에 머물러 있으며, 만약 당신이 감각이 원하는 것을 계속해서 충족시키는 데만 집중한다면, 특정 감각적 방해물에 탐닉했을 때의 결과와 그 미래를 간과하게 된다. 감각의 마법에서 벗어나기 위해, 자신의 삶을 빨리 감기 해보고 각 선택이 가져올 결과를 상상해 보라. 예를 들어, 일하는 도중에 세 번이나 일어나 치킨 조각을 먹고 온다면 그 결과는 명백하다. 일을 끝내지 못할 것이고, 뜻하지 않은 음식을 먹게 되며, 결국 자책감이 밀려올 것이다.

이제 그 결과와 먹다 남긴 크리스피 치킨을 먹으며 느끼는 행복을 비교해 보라. 물론 감각을 따르는 것에도 장점이 있다. 그러나 중요한 것은 그 장점이 욕망을 참는 것보다 더 큰 가치가 있는지 여부다. 따라서 다음 두 가지를 비교해 보아야 한다.

1. 스스로를 실망시키고, 일을 끝내지 못하고, 그것에 대해 죄책감을 느끼고, 시간을 허비하고, 건강에 좋지 않은 고칼로리 음식을 먹는 고통.
2. 주방에 치킨이 있다는 사실을 알면서도 먹지 않는 고통.

이것은 단순히 다음 두 가지를 비교하는 것과는 매우 다르다.

1. 일하는 것의 지루함.
2. 바삭바삭한 치킨 조각을 먹는 즐거움.

그러나 이 점을 명심하라. 이렇게 비교한다고 해서 올바른 선택이 쉬워지는 것은 아니다. 다만 잘못된 선택의 실체를 보여주고, 바라건대 그 선택이 덜 매력적으로 보이도록 도와

줄 것이다.

반감

반감은 강한 혐오감이나 거부감에서 비롯된 정신적 상태를 말한다. 이는 감각적 욕망과 정반대되는 성질을 가지며, 자신이 원하는 것이 아니라 오히려 원하지 않는 것에 초점을 맞추는 상태이다. 반감은 저항의 본질이라 할 수 있다. 불확실성과 불편함을 더 잘 견디는 방법에 대해서는 이후의 장에서 다룰 예정이지만, 지금은 자기 극복을 방해하는 주요 요인 중 하나가 바로 어렵다고 느끼는 것을 피하고, 거부하며, 판단하려는 우리의 태도라는 점을 짚고 넘어가자.

이것은 미묘한 지점이다. 많은 사람들이 자기 계발이란 자동적으로 기분이 좋아지는 것이라고 배워왔다. 그래서 불편하거나, 지루하거나, 두렵거나, 불확실한 감정을 느낄 때면 무언가 잘못되었다고 생각하고, 이러한 '부정적인 감정'을 피하기 위해서라면 무엇이든 해야 한다고 생각하게 된다. 하지만 사실, 부정적인 감정은 삶의 일부일 뿐이다. 어떤 일들은 원래 어렵기 마련이며, 그 과정에서 힘겨워하는 것은 문제가 아니라 단지 그 일을 해내는 과정에서 느끼는 감정일 뿐이다. 때로는 진짜 장애물은 우리 자신의 부정적인 태도일 수 있다. 이는 곧 다음을 의미한다.

문제는 당신이 논쟁을 벌이는 상대가 아니라, 당신의 반감이다. 즉, 그들과 맞서는 것 또는 경계를 설정하는 것을 회피하려는 마음이다. 문제는 당신의 일이 복잡하고 스트레스가 많다는 사실이 아니라, 당신의 반감이다. 즉, 그 어려움을 견디고 받아들이려는 의지가 부족한 것이다. 문제는 삶이 지루하고 그날 해야 할 허드렛일이 끔찍하다는 사실이 아니라, 당신의 반감이다. 즉, 삶이 항상 당신을 즐겁게 해주어야 하고, 당신은 오직 즐거움과 안락함만을 누릴 자격이 있다고 믿는 태도다.

반감을 극복하려면, 상황을 받아들이는 방식을 새롭게 모색해야 한다. 이것은 단순히 경험을 해석하는 방식을 바꾸는 것에서 시작될 수 있다. 예를 들어, 한 젊은 훈련생이 전투 연습 중 교관에게 머리를 얻어맞고는 즉각 이렇게 생각할 수 있다. "아야! 내가 뭘 잘못했다고 이렇게 맞아야 하지? 멍청한

늙은이 같으니라고. 정말 불공평하잖아. 좀 더 살살 해야 하는 거 아냐? 이렇게 다쳐야 하는 게 정상인 거야? 이게 정말 훈련이라고? 더 실력 있는 사람이 나를 계속 때리기만 하는 게? 정말 싫다. 이건 말도 안 돼."

하지만 다른 훈련생은 머리를 얻어맞고 이렇게 생각할지도 모른다. "아야! 정말 아프다. 다시는 날 이렇게 때릴 수 없도록 빈틈을 보이지 않을 거야." 첫 번째 훈련생에게 고통은 부당함, 불공평함, 그리고 받아들일 수 없는 어려움을 의미한다. 반면, 두 번째 훈련생에게 고통은 주의를 기울여 배움을 얻을 수 있는 소중한 스승을 의미한다. 중요한 점은, 두 경우 모두 고통 자체는 똑같다는 것이다!

나태와 무기력

서구 문화에서는 우울, 절망, 무기력 같은 상태를 도덕적인 관점에서 생각하는 것이 다소 낯설게 느껴질 수 있다. 그러나 소림의 수도승들에게 열정을 유지하는 것은 단순한 기분의 문제가 아니라 윤리적 의미를 지닌다. 이는 심지어 마치 절제력이나 자비심을 기르는 것과 같이 의무이자 배워야 할 덕목으로 여겨진다. 다시 말해, 열정과 동기를 유지하는 것은 '저절로' 얻어지는 마음 상태가 아니라 적극적, 의식적으로 개발해야 하는 것이다.

이는 많은 사람들이 은연중에 가지고 있는 생각에 배치되는 것이다. 우리는 종종 자신의 삶의 목적을 따르고 진정으로 하고 싶은 일을 한다면, 자연스럽게 동기가 생기고 행동할 의욕이 솟아날 것으로 생각한다. 그러나 실제로는 그 반대다. 우리는 먼저 의식적으로 목표를 향해 행동하기로 선택해야 하고, 그런 행동이 동기를 만들어내고 지속시킨다. 목표를 향해 행동할 때 우리는 작은 경험들을 쌓아감으로써 자신의 주체성을 확인하고 자신감을 강화하며 점차 자신이 그러한 행동을 하는 사람이라는 성장하는 자아 개념을 형성한다. 이러한 과정에서 동기를 발견하고 행동을 이어갈 수 있다. '선순환'이 일어나는 것이다.

만약 자신이 게으르고 의욕이 없다고 느낀다면, 이를 단순히 '잃어버린 추진력'의 문제로 생각해보라. 최악의 선택은 목표가 자신과 맞지 않거나, 결국 자신이 진정으로 원하는 것은 아니라고 단정 짓는 것이다. 오히려 동기의 불꽃이 너무 약해지도록 방치했을 가능성이 더 크다. 당신은 그 불꽃을 살리기 위해 꾸준히 노력하고 있었는가?

나태와 무기력에 대한 해결책은 번쩍이는 무언가를 찾아 엔진을 다시 가동하게 만드는 것이 아니다. 그런 방법은 기껏해야 단기적인 해결책일 뿐이며, 결국 그것마저 소진되고 다시 원점으로 돌아오게 될 것이다. 대신, 해결 방법은 간단하다. 행동하는 것이다. 정체된 상태에 있다면, 당신 안의 모든 것이 이 생각에 저항할 것이다. 하지만 괜찮다. 큰 도약을 할 필요는 없다. 단지 작은 행동 하나에만 집중하라. 그것을 달성하고, 자신이 조금이라도 나아갔음을 느껴보라. 그다음 또 한 번의 작은 발걸음을 내디디며 그 추진력을 유지하라. 그렇게 하면 점차 속도와 자신감을 얻게 될 것이다.

들뜸

현대적으로는 이를 '산만함'이나 방황하는 마음으로 볼 수 있다. 정신적인 들뜸은 과거나 미래에 대한 쓸데없는 생각에 에너지를 낭비하게 만들며, 그 결과 현재에 집중해 실제로 중요한 일을 할 수 있는 에너지가 줄어든다. 들뜸은 집중력 부족이라는 오래된 문제로 이어진다. 당신은 강철을 뚫을 수 있는 레이저 광선이 아니라, 사방으로 퍼져 약해진 빛줄기가 된다.

불안, 자기 의심, 두려움, 지나친 판단은 현재의 순간에서 벗어나게 만들며, 그 결과는 일종의 게으름이 된다. 이는 악순환을 초래한다. 현재에 집중하지 못하면 충동적인 결정을 내리거나, 중요한 정보를 놓치거나, 최선을 다하지 못할 수 있다. 이런 결과로 나중에 걱정거리나 후회가 더 늘어나게 된다. 이는 일종의 자기충족적 예언과도 같다. 당신의 마음은 끊임없이 방어적인 상태에 머물며 삶을 주도적으로 이끌기보다는 그저 수동적으로 반응만 하게 되는 것이다.

마음챙김 명상이 모든 상황에 적합한 것은 아니지만, 이 경우에는 적합하다. 마음챙김 명상은 다가오는 자극을 알아차리고, 그것과의 심리적 거리를 확보함으로써 그 생각에 관여할지 말지를 스스로 선택할 수 있게 할 것이다.

의심과 회의

좀 더 현대적인 용어로 표현하면, 자신감 또는 자존감 부족, 즉 자신의 능력에 대한 의심이다. 이는 불안한 망설임과 자기 부정을 초래하며, 점차 자신이 하는 모든 일에 부정적인 영향을 미치기 시작한다. 이러한 상태에서는 완전히 결단력을 잃고 기회를 놓치거나, '분석 마비analysis paralysis' 상태에서 너무 오래 머물러 자신이 무엇을 원하는지조차 확신하지 못하는 상황에 이를 수 있다. 여기서 부족한 것은 단순히 절제 그 자체가 아니라 정신적 강인함이다. 자기 의심은 자신과 세상을 신뢰하지 못하는 상태를 의미하며, 확신을 가지고 결단을 내리고 이를 따를 수 있는 용기와 믿음의 부재에서 비롯된다. 자신의 선택을 끝까지 밀고 나갈 용기가 부족하면, 의심이 계속해서 발목을 잡는다. 결국, 선택한 길에 대한 확신을 가지고 전념하는 능력이 필요하다.

장애물 제거하기

앞서 살펴보았듯이, 게으름, 미루는 습관, 생산성 부족을 정의하고 이해하는 방법은 다양하다. 그중 각자의 고유한 상황을 더 잘 이해할 수 있도록 돕는 방법이 '가장 적절한' 방법이다. 하지만 우리가 이 다양한 모델을 탐구하는 이유는 단순히 추상적인 개념을 흥미롭게 살펴보기 위해서가 아니다. 문제를 해결하기 위한 실질적인 접근 방법을 찾기 위해서다. 소림의 수도승들은 자신들이 규명한 다섯 가지 장애물을 제거하기 위해 네 단계로 구성된 방법을 고안했다. 이 네 단계 방법은 RAIN 기법으로도 응용될 수 있다.

RAIN은 알아차리기 Recognize, 받아들이기 Accept, 탐구하기 Investigate, 동일시하지 않기 Non-identification를 의미한다.

알아차리기는 현재 자신의 마음 상태를 알아차리는 것을 의미한다.

받아들이기는 이 마음 상태가 실제로 자신에게 해당한다는 것을 인정하고, 저항, 회피, 판단, 평가 없이 그 상태를 그대로 받아들이는 것을 의미한다.

탐구하기는 이 마음 상태를 탐구하고 더 잘 이해하는 것을 의미한다. 이 상태를 유발한 원인은 무엇인가? 이 마음을 따랐을 때의 결과는 무엇인가? 이 마음 상태가 자신의 목표나 가치관과 일치하는가? 이러한 질문들을 통해 마음 상태를 깊이 탐구하는 단계다.

동일시하지 않기는 이 마음 상태와 관련된 생각과 감정이 단지 지금 내가 경험하고 있는 것일 뿐, 그것이 나 자신을 나타내는 것은 아니라는 사실을 깨닫는 것을 의미한다. '나는 내 몸이 아니다. 나는 내 마음이 아니다. 나는 내 생각이 아니다. 나는 내 감정이 아니다.'라는 깨달음을 통해 그것들과 심리적 거리를 형성하게 된다. 이 거리는 특별한 힘을 부여하는데, 바로 다음에 무엇을 할지 의식적으로 선택할 수 있는 능력이다.

예를 들어, 당신은 자신이 기름지고 자극적인 음식을 갈

망하고 있음을 알아차린다. 이 사실을 받아들이고 인정하면서도, 비난하거나 부끄러워하지 않고 그 느낌을 회피하지 않는다. 대신 스스로에게 질문을 던진다. '지금 내게 무슨 일이 일어나고 있지? 이것이 다섯 가지 장애물 중 하나일까? 이 마음을 계속 따라가면 어떻게 될까?' 잠시 생각한 후, 아무리 유혹적일지라도 이 욕구에 휘말리지 않기로 결정한다. 별일 아니다. 기름지고 자극적인 음식이 당기지만, 그 욕구는 곧 사라진다. 당신은 아주 강렬한 욕구가 잠시 치솟는 것을 알아차리고, 그 욕구를 채우지 못해 순간적으로 분노가 이는 것도 인식한다… 그리고 결국 그 모든 감정이 지나가는 것을 깨닫는다. 이러한 순간적인 경험 너머에 더 큰 무언가가 있음을 깨닫게 된다. 자신이 스스로에게 하는 모든 말을 반드시 믿을 필요도 없고, 자신에게 생기는 모든 충동을 무작정 따라갈 필요도 없음을 알게 된다.

하지만 여기서 한 가지 주의할 점이 있다. 위의 예시는 단지 하나의 이야기이자 비유일 뿐이다. 현실은, 아마도 알고 있겠지만, 훨씬 더 복잡하다. 이것이 바로 이 책에 나오는 기법들을 읽는 것만으로는 한계가 있는 이유다. 진정한 변화는 이러한 기법들을 자신의 삶에 적극적으로 적용할 때 일어난다. 그렇게 해야만 이 기법들이 입체적이고 훨씬 더 현실감 있게 다가올 것이다.

소림사 승려 스헝이Shi Heng Yi는 테드TED 강연에서 다음과 같은 이야기를 들려주었다. "한 남자가 산 가까이에서 살고 있었습니다. 그는 매일 생각했습니다. '저 산에 오르면 어떤 느낌일까? 꼭대기에서는 무엇을 볼 수 있을까?' 그러던 어느 날, 그는 마침내 결심을 하고 산을 오르기 위한 여정에 나섰습니다. 산기슭에 도착한 그는 첫 번째 여행자를 만났습니다. 그래서 이렇게 물었습니다. '어떻게 산에 올랐습니까? 정상에서는 무엇을 보았습니까?' 그 여행자는 자신이 올랐던 길과 정상에서 보았던 광경에 관해 이야기해 주었습니다. 남자는 속으로 이렇게 생각했습니다. '이 여행자가 설명한 길은 너무 험난할 것 같은데? 다른 길을 찾아야겠다.'

그래서 그는 산기슭을 계속 걸으며 다음 여행자를 만났습니다. 그는 다시 물었습니다. '어떻게 산에 올랐습니까? 정상에서는 무엇을 보았습니까?' 이번에도 여행자는 자신이 올랐던 길과 정상에서 보았던 광경을 이야기해 주었습니다. 그러나 여전히 어느 방향으로 가야 할지, 어느 길을 택해야 할지 결정을 내리지 못한 그는 또 다른 사람들에게 물어보기로 했습니다. 그는 서른 명의 여행자를 더 만나 물었습니다. 그들 모두 자신들이 오른 길과 정상에서 본 광경을 공유해 주었습니다. 모든 이야기를 듣고 난 후, 마침내 그는 결론을 내렸습니다. '이제 많은 사람들이 자신들의 경험을 내게 들려줬으니, 굳이 내가 직접 올라갈 필요는 없겠군.' 정말 안타깝게도, 이 남자는 끝내 그 여정을 떠나지 못했습니다."

이 이야기가 우리에게 전하는 바는, 각자의 삶의 여정은 모두 다르다는 것이다. 우리는 서로 너무나도 독특한 존재이기에, 다른 사람의 방식이나 그들이 배운 것을 단순히 따라 하는 것만으로는 자신을 이해할 수 없다. 결국, 우리는 스스로 그 여정을 떠나야만 한다. 누구도 우리가 여정에서 무엇을 마주하게 될지, 그 도전에 어떻게 대처해야 할지 미리 알려줄 수 없다. 하지만 사람들은 모든 여행자가 흔히 부딪히는 장애물의 패턴을 발견했다. 그것이 바로 다섯 가지 장애물이다. 이러한 장애물들은 특정한 사건이 아니라 마음의 상태나 태도를 뜻한다. 우리는 모두 삶 속에서 이러한 장애물들을 경험하지만, 그것을 겪는 방식은 각자 다를 것이다. 따라서 자기 극복이란 특정한 삶의 방식이나 정해진 행동들의 집합이 아니다. 그것은 삶을 대하는 태도이자 삶을 살아가는 방식 자체를 의미한다.

이 책을 읽어나가며, 여기 담긴 조언 중 일부가 당신에게 맞지 않거나 당신의 삶에 적용되지 않는다고 느낄 수 있다. 하지만 여기에서 제공하는 모든 지침은 산길 옆에 세워진 이정표와 같다는 점을 기억하자. 그것들이 다양한 경로, 장애물, 위험 요소들을 알려줄 수는 있지만, 그 산을 넘어가는 독특한 길을 선택하고 헤쳐나가야 하는 사람은 항상 당신 자신이다. 그 여정은 이 책을 덮은 후 당신의 실제 삶에서 비로소 시작될 것이다!

경험 회피 이해하기

회전목마에 오신 것을 환영합니다.

다음 상황들을 살펴보고, 이들 사이에 공통적으로 나타나는 주제를 찾아보자.

- 동료로부터 뭔가를 요청하는 내용의 이메일을 받는다. 그 요청을 들어주기가 곤란하고 내키지 않아 몇 시간 동안 답장을 미룬다. 그러자 조급한 기색이 담긴 후속 이메일이 도착하고, 상황은 더욱 난처해진다. 하지만 이제는 더욱 관여하고 싶지 않아 형식적인 답장을 보낼 뿐, 동료의 질문에 제대로 답하거나 요청을 처리하지 않는다. 결국, 처음에는 작은 불편함을 피하려 했지만, 오히려 더 큰 문제를 자초하게 된다.

- 당신은 중요한 경력 개발 과정에 등록하려고 마음먹지만, 그 과정이 너무 중요하게 느껴져 부담스럽다. 결국, 등록을 미루다가 첫 번째 시작 날짜를 놓친다. 몇 달 후, 두 번째 시작 날짜도 놓치고 만다. 세 번째 과정이 시작될 때쯤에는 엄청난 압박감을 느끼고 있다. 그렇게 등록을 회피하려 했던 것

이 오히려 1년 가까이 당신의 머릿속을 떠나지 않는 커다란 부담으로 자리 잡고 말았다.

- 제출해야 할 프로젝트가 있지만 실패하거나 어리석어 보일까 봐 두렵다. 미루고 미루다가 마감 직전에 서둘러 작업을 끝낸다. 결과는 엉망이 되고, 상사는 "이해가 안 돼. 이 일을 어떻게 처리하는지 잘 알고 있었잖아!"라며 의아해한다.

이 모든 예시에는 하나의 근본적인 메커니즘이 숨어 있다. 바로 경험 회피(experiential avoidance, EA)다. EA는 기본적으로 세상에서 가장 나쁜 대처 메커니즘이다. 단기적으로는 불편한 일을 피하게 해주기 때문에 해결책처럼 느껴지지만, 실제로는 문제를 미루고 악화시키면서 그 불편한 감정을 더욱 키우는 결과를 낳는다. 이런 이유로 일부 심리학자들은 이를 '회전목마'라고 부른다. 당신은 결국 같은 자리를 맴돌며 그 안에 갇혀 좀처럼 벗어나지 못하는 상황에 빠지게 된다. 다음은 인생을 살면서 기억해야 할 두 가지 기본적인 '법칙'이다.

1. 살아 있는 이상, 언젠가는 불편함을 겪게 된다(사실, 성장하고 변화하려고 노력하는 중이라면 더 자주 불편함을 경험할 것이다).
2. 사람들은 본능적으로 불편함을 피하고 싶어 한다.

여기에서 갈등이 발생한다. 당신은 성장하고 발전하기를 원하지만, 그러려면 원치 않는 일, 즉 불편함을 경험하는 일을 해야 한다. 이 딜레마에 대응하는 하나의 방법은 목표를 달성하고 싶다고 스스로에게 말하면서, 막상 불편해지기 시작하면 그 목표에서 물러나는 것이다. 그러면 그 불편한 감정을 통제하거나 회피하려다 오히려 더 큰 고통에 사로잡히게 된다. 그렇게 계속해서 같은 자리를 맴돌게 된다.

회피는 다양한 형태와 크기로 나타난다. 미루기도 그중 하나일 뿐이다.

과도한 노력 바쁘게 지내거나, 과잉 성취자 혹은 완벽주의자로 행동하는 것
감정 마비 부정적인 감정을 약화시키기 위해 약물이나 중독에 의존하는 것
긴장 정신적으로나 육체적으로 스스로를 과도하게 대비시키는 것

주의 산만 환상, 부정, 혹은 '멀티태스킹'으로 도피하는 것

포기 중도에 그만두거나, 자신을 고립시키거나, 도망치거나, 늦잠을 자는 것

서두르기 일을 회피하기 위해 빠르게 해치우는 것

지나친 분석 과도하게 생각하거나 분석하는 것

미루기 일을 뒤로 미루거나 연기하며, 그로 인해 두려움을 느끼는 것

이 책은 주로 자기 절제를 발전시키고 자기 극복에 이르는 방법을 다루고 있지만, 경험 회피의 영향력은 직장에서의 생산성이나 개인의 목표 설정을 훨씬 넘어선다. 예를 들어, 감정적으로 무거운 대화를 하는 불편함을 회피하면, 인간관계에서 더 깊은 친밀감을 쌓을 기회를 잃게 된다. 비판적인 피드백을 듣는 불편함을 회피하면, 자신의 능력을 개선할 기회를 놓치게 된다. 또 확고한 경계를 설정하는 불편함을 회피하면, 결국 다른 사람들이 당신을 함부로 대하게 된다.

탈출구

회전목마에서 또 다른 한 바퀴를 더 돌게 되는 가장 확실한 방법은 계속해서 불편한 감정을 피하려 하거나, 도망치거

나, 저항하려는 태도를 유지하는 것이다. 회전목마에서 벗어나는 방법은 간단하다. 바로 자신의 경험, 그 모든 것을 받아들이고 수용하는 것이다!

사실, 당신에게는 선택권이 없다. 자기 자신이나 자신이 직면한 현실을 완전히 회피할 방법은 없다. 잠시 동안은 다른 무언가로 가장해 문제를 피할 수 있을지 몰라도, 그 현실은 항상 되돌아오며, 때로는 더 심각한 형태로 되돌아오기 마련이다. 그러므로 스스로에게 상기시켜야 한다. 진정한 탈출구는 '수용'이다.

회피는 당신의 내면에 분열을 일으키고, 당신의 일부가 다른 일부와 전쟁을 벌이게 만든다. 이 진 빠지는 전쟁에 몰두하는 동안, 당신의 삶에 존재하는 모든 문제는 그대로 남아 있으며, 문제를 해결하기 위한 실질적인 행동을 취하기 전까지 계속 그 자리에 있을 것이다. 그렇다면 왜 이 소모적인 전쟁을 그만두고, 가능한 한 빨리 문제를 해결하는 데 집중하지 않는가? '수용'에 대한 몇 가지 오해를 정리해 보자.

고통과 불편함을 수용한다고 해서 그것을 원하거나, 계

속되기를 바란다는 의미가 아니다. 이는 단지 현실을 있는 그대로 인정한다는 뜻일 뿐이다. 고통은 피할 수 없지만, 고통에 따른 괴로움은 선택의 문제다. 그 차이를 설명하기 위해 불교의 유명한 비유 하나를 살펴보자. 누군가 날카로운 화살에 맞았다고 상상해 보자. 이 '첫 번째 화살'이 고통을 일으킨다는 것에 대해서는 의심의 여지가 없다.

하지만 이 고통을 느끼며 '나는 왜 이렇게 나약한 거지? 별것도 아닌 작은 상처일 뿐이잖아.'라고 생각한다면, 이 생각이 바로 '두 번째 화살'이다. 첫 번째 화살은 고통을 일으키지만, 두 번째 화살은 (완전히 선택 가능한) 정신적인 괴로움을 초래한다. 우리는 살면서 겪게 되는 자연스럽고 피할 수 없는 고통에 대해 회피하거나, 판단하거나, 분석하려는 방식으로 반응한다. 그러나 이러한 반응은 고통을 오히려 연장시키는 결과를 낳는다.

수용이란 두 번째 화살을 더 이상 추가하지 않겠다고 의식적으로 선택하는 것이다. 이는 실제로 존재하는 고통, 즉 첫 번째 화살만 마주하고, 스스로 불필요한 고통을 더하지 않는 것을 의미한다. 그런 점에서 수용과 회피는 정반대다. 수용을 실천한다고 해서 삶에 수동적으로 끌려다니는 것이 아니다. 오히려, 수용은 자신에게 힘을 실어주는 과정이다. 역설적이지만, 고통을 빠르게 받아들일수록 그 고통으로부터 더 빨리 벗어날 수 있다!

회피는 큰 걸림돌이 될 수 있다. 회피하려 할수록 오히려 그 문제를 더 키우게 되는 경향이 있기 때문이다. 하지만 이런 악순환에 빠져 있다고 해도, 언제나 탈출구는 있다. 우리는 언제든, 어떤 순간에라도 다르게 반응할 수 있다. 회피하는 패턴을 깨고, 자신에게 해가 되는 방식이 아닌, 도움이 되는 새로운 방식을 만들어낼 수 있다. 불편한 현실을 외면하지 않고 · '받아들이는 것'은 그것이 당신을 지배하지 못하도록 하는 방법이다.

하지만 중요한 점은, 수용이 '긍정적인 사고'나 문제가 없는 척 가장하는 것과는 다르다는 것이다. 그러한 태도는, 짐작했겠지만, 단지 또 다른 형태의 회피일 뿐이다. 이를테면, "아, 괜찮아. 팔에 화살이 박힌 것도 아니고, 전혀 아프지 않은걸.

나는 지금 정말 기분이 좋아!"라고 말하는 것은 회전목마에 갇히게 할 뿐이다. 대신, 다음과 같은 방법을 시도해보라.

1단계   자신의 경험에 이름을 붙여라.

당신이 갇혀 있는 회전목마를 살펴보고 그것의 이름을 부른다. 당신의 패턴은 긴장, 주의 산만, 혹은 지나친 분석의 반복인가? 아니면 과도하게 노력하거나 감정을 마비시키는 습관이 있는가? 오랫동안 불편함을 피하고 있었다면 자신이 정확히 무엇을 경험하고 있는지 알지 못할 수도 있다. 그러니 시간을 들여 이 단계를 진행해 보자. 당신의 삶을 과학자나 기자의 중립적인 시선으로 바라보고, '있는 그대로의 사실'에만 집중하라. 판단하거나 해석하거나 더 이상 회피하지 말라는 뜻이다. 다시 말해, 만약 당신에게 완벽주의 성향이 있음을 알게 되었다면, 완벽주의가 당신을 덜 완벽하게 만든다며 스스로를 즉시 비판하지 말라는 뜻이다.

그저 한 걸음 물러서서 지금 무슨 일이 일어나고 있는지 살펴보라. 처음에는 이러한 관찰을 바탕으로 아무것도 하지 않아도 괜찮다. 단순히 인식하는 것만으로도 충분하다. 가능하다면, 그것의 이름을 다음과 같이 소리 내어 말해보는 것도 좋다. "아, 또 예전처럼 서두르다가 실수하고 있구나. 그 실수를 수습하려고 더 서두르다가 오히려 더 많은 실수를 하고 있네.", "나는 지금 이걸 회피하고 있구나.", "아, 지금 나는 '두 번째 화살'의 영역에 빠져 있구나."

하지만 기억해야 할 점은, 단순히 이름을 붙이는 것이지 자신을 비난하는 게 아니라는 것이다. 이는 판단하거나 해석하지 않고, 있는 그대로 인지하는 것을 의미한다. 예를 들어, "아, 내가 또 계속 미루고 있구나."라고 말하되, "왜 또 이러지? 나는 정말 달라질 수 없는 걸까? 도대체 왜 이렇게 못난 걸까?"라는 식으로 자신을 몰아붙이지 말아야 한다.

2단계 회전목마에서 벗어날 이유를 찾아라.

당신은 이미 회전목마에서 벗어나는 방법을 알고 있다. 불편함을 피하지 않고, 정면으로 마주하는 것이다. 하지만 막상 그런 순간이 닥치면, 그것이 정말로 불가능한 일처럼 느껴질 것이다! 회전목마에 계속 머무르는 것이 그것에서 벗어나는 것보다 항상 더 쉬울 것이기 때문이다. 편안함보다 불편함을 선택하는 것은 언제나 어려운 선택일 수밖에 없다. 그러니 그런 결정을 내리기 위해서는 확고한 이유가 필요하다. 왜 그 회전목마를 벗어나는 것이 가치 있는 일일까? 다음은 생각해 볼 만한 몇 가지 이유다.

돌고 또 돌며 허비하는 시간을 절약할 수 있다.
자신만의 방식으로 더 충만하고 적극적인 삶을 살 수 있다.
한 사람의 인간으로서 성장하고 발전할 수 있다.

예를 들어, 자신의 경험 회피를 인식하고 그것을 포기의 패턴으로 규정했다면, 이 행동이 자신에게 어떤 대가를 치르게 하는지 면밀히 살펴보자. 그리고 그런 방식에서 벗어났을 때 얻을 수 있는 것들을 생각해 보자. 아마도 매사에 뒤꽁무니 빼는 습관을 멈춘다면(완전히 비판을 배제한 표현은 아니지만, 의도는 전달될 것이다), 더 큰 잠재력을 발휘할 수 있을지도 모른다. 자신에 대한 자부심이 높아지고, 타인과 더 솔직하게 마음을 열어 깊이 있는 관계를 형성할 수도 있다. 또한, 자신의 의견을 분명히 전달하고, 다른 사람들에게 주도권을 빼앗기지 않을 수도 있을 것이다.

3단계 결정을 내려라.

탈출구는 바로 불편함을 받아들이는 것이다. 이를 선택하면, 역설적으로 즉시 조금 더 나아진 기분을 느낄 수 있을지도 모른다. 그렇게 두려워했던 것이 실제로는 그리 대단한 일이 아니라는 사실을 깨닫게 될 것이다. 그 문제에 힘을 실어준 사람이 바로 자신이라는 사실 또한 깨닫게 될 수도 있다. 약간의 불편함을 견딜 수 있고, 그것이 세상의 끝이 아니라는 사실을 깨달으면, 훨씬 더 자유롭고 강해진 기분을 느낄 수 있을 것이다.

'선택한 고통'은 스스로를 뛰어넘는 데 도움을 줄 수 있다. 당신이 삶에서 진정으로 원하는 것들을 이루는 데 든든한 발판이 될 수 있다. 이 사실을 진정으로 이해하면, 고통을 마주하는 순간조차 감사하게 느낄 수 있다. 그 고통 뒤에 가치 있는 무언가가 기다리고 있을 가능성을 알기 때문이다! 그러니 생각과 기다림은 줄이고 더 많이 행동하는 법을 익혀라. 고민하거나 회피할 방법을 찾는 데 시간을 쏟기보다, 바로 행동으로 옮겨라.

SUMMARY

- 게으름은 어떤 일을 수행하는 데 필요한 노력을 기울이려 하지 않는 의식적인 태도로 정의할 수 있으며, 이 노력에는 정신적, 육체적 노력이 모두 포함된다. 게으름은 행동, 신념, 태도, 습관, 감정 등이 얽힌 집합체이며, 이차적인 행동과 생각, 감정을 촉발한다.

- 게으름의 유형(혹은 원인)에는 여러 가지가 있다. 혼란스러움("뭘 해야 할지 모르겠어."), 두려움("난 할 수 없어."), 성장 마인드셋이 아닌 고정 마인드셋("실패하면 안 돼."), 피로("너무 피곤해."), 무관심("난 전혀 신경 쓰지 않아."), 자신에 대한 믿음 부족("나는 그냥 게으른 사람이야. 예전부터 그랬어."), 이른바 '의욕 상실'("달라질 게 없어."), 편안함 추구, 혹은 노력보다 편안함을 선호하는 성향("일단 이 재밌는 거부터 하고, 나중에 해야지.") 등이 대표적이다.

- 사람마다 미루는 이유(또는 여러 이유의 조합)가 다르므로, 해결 방법 또한 달라진다. 더 강한 자기 절제가 필요할 수도 있고, 충분한 휴식을 먼저 취해야 할 수도 있다. 혹은 사고방식을 전환하거나, 목표를 재평가하거나, 시간과 에너지를 보다 효과적으로 관리하는 것이 필요할 수도 있다.

- 소림의 수도승들은 이와 유사한 개념으로 '자기 극복을 방해하는 다섯 가지 장애물'을 정의한다. 감각적 욕망, 반감, 나태와 무기력, 들뜸, 의심과 회의가 그것이다. 대부분의 게으름 문제에 대한 궁극적인 해결책은 단순한 절제력이 아니라 자기 극복이다.

- 장애물을 극복하는 방법의 하나로 RAIN 기법이 있다. RAIN은 알아차리기^{Recognize}, 받아들이기^{Accept}, 탐구하기^{Investigate}, 동일시하지 않기^{Non-identification}를 의미한다. 자신의 경험을 알아차리고, 이를 완전히 받아들이며, 그 본질을 탐구하고, 심리적 거리를 확보함으로써 앞으로 나아갈 때 의식적인 선택을 할 수 있도록 하라.

- 두 모델 모두 경험 회피가 게으름과 미루기의 핵심 원인이라고 본다. 불편함과 역경은 삶에서 피할 수 없는 요소지만, 이를 회피하면 문제가 오히려 더 오래 지속된다. 수용이 가장 빠른 해결책이고, 불편함에 '두 번째 화살'을 추가하지 않는 것이다. 고통을 빨리 받아들일수록, 정신적 괴로움으로 확대하지 않고 더 빨리 앞으로 나아갈 수 있다.

PART

2

나태함을 거부하는 사고방식 훈련

★★★★★★★

★★★★★

 이전 장에서는 우리가 어떤 방식으로 스스로의 성장, 학습, 발전을 방해하고 있는지 자세히 살펴보았다. 하지만 무엇이 잘못될 수 있는지를 더 잘 이해하게 되면서, 이제는 더 건강한 대안을 생각해 볼 준비가 되었다. 절제하는 사람은 어떤 모습일까? 그들은 어떻게 행동하고, 생각하며, 느낄까?

 생산성 향상을 위한 자기계발서를 읽거나 자기 절제에 관한 조언을 들어본 적이 있다면, 그것이 단지 '행동'에 관한 것이라는 인상을 받았을지도 모른다. 이는 어느 정도 사실이다. 하지만 정말 중요한 것은 그 행동을 뒷받침하는 사고방식이다.

정말 유능하고 성공한 사람들이 매일, 새벽 4시에 일어난다는 이야기를 들었다고 하자. 그러면 당신도 그들처럼 되려고 억지로 그 시간에 일어나기 시작할 수도 있다. 하지만 이런 접근 방식은 핵심을 놓치는 것이다. 누군가의 행동은 그들이 오랜 시간 거친 내면적인 과정의 최종 결과일 뿐이다. 그 행동 뒤에 숨겨진 동기, 사고방식, 태도, 신념을 이해하지 못한다면, 그저 행동만 맹목적으로 따라 할 뿐, 그 행동의 의미를 제대로 알지 못하는 셈이다. 그 사람들을 성공하게 만든 것은 그 행동이 아니라, 그 행동을 가능하게 한 사고방식이다. 이것은 아마도 진정으로 성공한 사람들이 자신과 같이 성공한 사람들을 주제로 만들어지는 동기 부여 콘텐츠를 굳이 소비하지 않는 이유이기도 할 것이다.

이번 장에서는 삶에서 강한 동기, 뛰어난 자기 절제, 그리고 높은 실행력을 보여주는 사람들의 사고방식을 특징짓는

다음의 세 가지 요소를 살펴볼 것이다.

1. 불편함을 받아들이고 이를 극복하는 능력
2. 심리적 유연성
3. 감정 조절 능력

각각을 차례로 살펴보자.

불편함을 받아들이는 방법

앞 장에서 우리는 일부 사람들의 '게으름'이 경험 회피라는 회전목마와 깊은 연관이 있다는 사실을 살펴보았다. 그러나 설령 이러한 설명에서 자신과의 관련성을 크게 느끼지 못하더라도, 사실 우리 대부분은 불편함과 적절한 관계를 맺지 못해 자신의 잠재력을 충분히 발휘하지 못하고 있다.

진정으로 유능한 사람들은 불편함을 마주하는 데 그치지

않고, 이를 받아들이며 지속적이고 깊은 관계를 형성해 나간다! 이들은 전통적인 문화에서 일반적으로 권장되는 것과는 반대되는 관점을 가지고 있다. 이미 '편안함 추구'라는 개념에 대해서는 살펴보았지만, 그렇다면 '불편함 추구'는 어떤 모습일까? 이 장에서는 불편함과 성장의 연결고리에 대해 깊이 이해했던 스토아 철학자들이 이론적인 기반을 제공할 것이다. 하지만 먼저, 사례 하나를 살펴보도록 하자.

데이비드는 직장에서 열심히 일해 이제는 여유롭게 쓸 수 있는 정도의 소득을 올리고 있다. 그는 시간이 지날수록 '홈 엔터테인먼트 시스템'을 점점 더 정교하게 구축하는 데 열정을 쏟게 되었다. 점점 더 큰 스크린을 구입하고, 더 비싼 게임 장비에 투자하며, 구름 위에 앉은 듯 편안하고 완벽한 소파에 몸을 자주 파묻곤 했다. 심지어 빌트인 음료 냉장고와 음성으로 제어할 수 있는 조명까지 갖추게 되었다.

처음에 데이비드는 이 프로젝트를 성공적으로 돈을 번 자신에게 주는 보상이자 퇴근 후 '쉴 수 있는' 좋은 방법이라고 생각했다. 하지만 곧 그는 스스로도 만족스럽지 않은 사람이 되어가고 있었다. 체중이 늘어나고, 매일 몇 시간씩 화면 앞에 멍하니 앉아 시간을 보내며, 인간관계도 점점 소원해졌다. 그러던 어느 날, 그는 리모컨 배터리를 갈아야 한다는 이유로 화를 참지 못하고 폭발했다. 자리에서 일어나는 것조차 귀찮았던 것이다. 아이러니하게도, 그는 더 이상 편안함조차 느끼지 못했고 그저 화가 난 채로 소파에 파묻혀 있을 뿐이었다. 무슨 일이 벌어진 걸까? 일부 심리학자들은 데이비드의 문제를 '좋은 것의 과잉'이라고 설명할 것이다. '편안함의 잠식 comfort creep'이라는 개념은 새로운 편안함이 점차 우리 삶에 스며들어 당연한 것이 되어버리면서, 결국 그것에 무뎌지고 더 이상 만족이나 기쁨을 느끼지 못하는 현상을 의미한다. 우리가 중독되고 둔감해지는 대상은 다름 아닌 편안함과 쾌락 그 자체다. 안타깝게도 현대 사회는 끊임없이 더 높은 수준의 편안함과 편리함을 제공하는 방법들로 가득 차 있으며, 이는 일종의 '쾌락적 마비 hedonistic numbing'로 이어진다.

현대인들이 점점 더 편안함과 편리함에 의존하게 되면서 그것이 삶의 모든 영역에 부정적인 영향을 미치고 있다. 편안함이 증가할수록, 불확실성을 견디는 능력, 위험과 실패에 대한 회복탄력성, 창의성은 점차 감소한다. 역설적이게도, 삶이 점점 더 쉬워질수록 우리는 어려움을 견디는 능력을 상실해 간다. 현대 사회는 인류가 직면한 수많은 문제를 해결해왔지만, 어쩌면 그 해결이 지나치게 완벽했는지도 모른다. 우리는 이제 별다른 노력 없이도 음식, 정보, 즐거움, 오락, 의료 서비스 등을 풍족하게 누릴 수 있다. 그 결과, 다음과 같은 모습을 보인다.

인터넷이 단 몇 초만 끊겨도 조바심을 내고 심지어 화를 낸다.

누군가 내 의견에 반대하거나 방해하면 과도하게 분노한다.

잠시라도 즐거움을 느끼지 못하면 불만을 갖는다.

약간의 불확실성이나 혼란에도 완전히 압도당하는 기분을 느낀다.

특정한 편의를 누리는 것을 당연하게 여기며,

그것이 충족되지 않을 때 쉽게 무너지고 좌절한다.

세상은 소비하고, 휴식하고, 즐기며, 오직 편안함과 쾌락만을 추구하라는 메시지로 가득 차 있다. 하지만 편안함은 위험한 덫이 될 수 있다. '편안함의 잠식'이 만든 장벽을 극복하기 위해서는 우리가 하고 싶은 것과 정반대로 행동해야 한다. 즉, 우리를 불편하게 만드는 활동에 의도적으로 참여해야 한다.

그런 접근법 중 하나가 미소기^{Misogi}라는 개념으로, 이는 일본의 민족종교인 신토^{Shinto}의 관습에서 영감을 받아 마커스 엘리엇^{Marcus Elliott} 박사가 현대적으로 재구성한 것이다. 미소기는 자연 속에서 극한의 도전 과제를 수행함으로써 마음, 몸, 영혼을 재설정하고 능력을 확장하는 것을 목표로 한다. 이러한 '자발적인 불편함'은 몇 가지 중요한 기능을 수행한다.

1. 감각적 욕망을 진정시키고 통제하여 그것이 더 이상 삶의 목표를 지배하거나 방해하지 않게 한다.
2. 이미 가진 것에 대해 진심으로 체감하고 감사하는 태도를 기른다.
3. '백신을 맞는 것처럼' 앞으로 닥칠 불운에 대비해 우아하고 침착하게 대처하는 연습을 미리 함으로써 회복력을 길러둔다.
4. 마지막으로, 역경을 견딜 수 있는 자신의 능력에 대한 자신감을 키우고, 스스로의 성숙한 의지력에 대한 깊은 신뢰를 쌓는다.

스토아 철학자 세네카^{Seneca}가 다음의 인용문에서 설명하듯, 당신은 마치 평화로운 시기에 전쟁을 대비하는 군인과 같다.

"며칠 동안 가장 소박하고 저렴한 음식을 먹고, 거칠고 투박한 옷을 입으며 스스로에게 이렇게 물어보라. '내가 두려워했던 것이 정말 이 정도였던가?' 걱정이 없는 이 순간이야말로 마음을 단련하여 다가올 어려움에 대비해야 할 때다. 운명이 너그러운 지금, 그 변덕스러운 폭풍에 맞설 준비를 해야 한다. 평화로운 시기의 병사는 적이 보이지 않아도 훈련하고 방어선을 구축하며, 불가피한 고난에 맞설 준비를 위해 스스로 고된 노동에 몸을 단련한다. 위기의 순간에 흔들리지 않으려면, 그 위기가 오기 전에 훈련해야 한다."

- 세네카

미소기는 '불가피한 고난에 맞설 준비'가 되기 위한 하나의 방법이다. 미소기에는 두 가지 규칙이 있다. 첫째, 성공 확률이 약 50% 정도 되도록 과제가 매우 어려워야 한다. 둘째,

참여자의 안전과 건강이 보장될 정도로 비교적 안전해야 한다. 미소기는 일종의 훈련이지만, 극한의 체력이나 신체 능력을 기르는 것이 목표가 아니다. 이는 정신적인 도전이다.

핵심은 의도적으로 더 이상은 할 수 없을 것 같은 한계점에 도달하는 것이다. 진정한 훈련은 바로 이 순간부터 시작된다. 한계를 뛰어넘기 위해 용기와 힘을 끌어모으고, 불편함을 느끼면서도 그것을 받아들이고 흘려보내며, 의지를 흔들리지 않게 유지하는 과정에서, 정신적, 감정적으로 엄청난 성장을 이룰 수 있다.

당신은 자신을 과소평가하고 있었을지도 모른다는 증거를 직접 체험하게 된다. 이는 단지 이 훈련에만 해당하는 것이 아니라, 삶 전반에 걸쳐 적용된다. 두려움과 게으름이 사라진다면 자신이 실제로 무엇을 해낼 수 있는지 깨닫게 된다. 당신은 자신의 습관과 선택, 그리고 스스로에 대해 만들어낸 이야기들에 대해 깊이 성찰하기 시작한다. 또한 자신이 인식해온 한계의 본질에 대해 의문을 가지기 시작한다.

미소기는 겉보기에는 육체적인 도전 같지만, 실제로는

심리적, 영적인 수행이다. 마커스 엘리엇 박사는 알래스카의 황야에서 30일 동안 사냥 여행을 하며 혹독한 날씨, 식량 부족, 곰과의 조우, 눈 덮인 산길을 오랜 시간 걷는 등의 경험을 했다. 또한, 오랜 침묵과 지루함을 견디며 내면과 마주하는 시간을 보냈다. 이러한 미소기 경험은 그가 일상으로 돌아왔을 때 확연한 변화를 가져왔다. 정신적, 신체적 역량이 향상되었을 뿐만 아니라, 스트레스와 어려움을 보다 효과적으로 다루는 새로운 능력을 갖추게 된 것이다.

이렇듯 미소기는 단순히 신체를 '단련'하는 것이 아니라, 정신적, 감정적, 영적인 성장을 위한 과정이다. 또한, 앞서 언급한 두 가지 규칙만 따른다면 거의 어떤 활동으로도 이루어질 수 있다. 엘리엇은 한 달간의 미소기 도전에 나섰지만, 꼭 그렇게 길거나 극적인 시도를 하지 않아도 비슷한 효과를 경험할 수 있다.

삶에 불편함을 도입하기

일상에 적당한 정도의 불편함을 의도적으로 도입하면 신체적, 정신적으로 많은 긍정적인 변화를 경험할 수 있다. 올바른 마음가짐으로 불편함을 받아들이면, 자신의 역량을 확장하고, 회복력을 키우며, 자신감, 의지력, 목적의식, 성실성, 창의성, 자기 조절 능력을 높일 수 있다. 사실, 불편함은 우리가 적절히 활용할 수만 있다면 삶에서 가장 풍부한 자원 중 하나일지도 모른다. 다음은 시도해 볼 만한 방법들이다.

단식

배고픔은 세상의 끝이 아니다. 원하는 것을 원하는 순간에 얻지 못한다고 해서 큰일이 나는 것도 아니다. 때때로 배고픔을 받아들이면, 욕구가 곧바로 충족되어야만 한다는 생각이 잘못된 것임을 깨닫게 된다. 실제로 대부분의 경우 배고픔은 심각한 위협이 아니며, 곧바로 해결해야 할 긴급한 문제도 아니다. 즉, 배고픔은 그리 대단한 일이 아니다.

잠시 배고픔을 느끼며 시간을 보내보면 여러 가지 흥미로운 사실을 깨달을 수 있다. 우선, 당신이 느끼고 있는 감각이 실제로는 배고픔이 아닐 가능성도 있다! 혹시 그것이 지루함, 슬픔, 불안감, 혹은 단순한 식탐은 아닐까? 어쩌면 아무 생각 없이 습관적으로 음식을 찾고 있는 것일지도 모른다.

예를 들어, 단순히 특정한 시간대가 되었기 때문에, 혹은 광고나 TV에서 무언가를 봤기 때문에 음식을 찾는 건 아닌지 생각해 보라.

배고픔을 받아들이고 견뎌낼 때 일어나는 또 다른 일은 당신이 실제로 불쾌한 감각을 통과할 수 있다는 사실을 스스로 깨닫는 것이다. 아기나 어린아이는 균형 감각이나 자기 절제력이 없어, 불편함을 느끼면 곧바로 반응하며 마치 세상이 끝난 것처럼 행동하고, 금세 기분이 다시 바뀌기도 한다. 반면, 어른으로서 우리는 감각, 생각, 욕구 등을 파도처럼 바라볼 수 있다. 그것들은 거세게 솟구치지만 결국 다시 잦아든다. 가장 좋은 경험 중 하나는, 한때 강렬했던 욕구가 시간이 지나면서 점차 사라지는 것을 관찰하고, 더 이상 그에 집착하지 않는 자신을 발견하는 순간이다.

이 능력을 강화하면 무엇을 할 수 있을지 생각해 보라! 예를 들어, 단식 훈련은 어느 날 온라인 쇼핑을 하다가 충동구매를 하려는 순간에 도움이 될 수 있다. 잠시 멈춰서 이 물질적인 '욕구'를 바라보고, 의식적으로 그 욕구를 당분간 채우지 않기로 결정할 수 있다. 내일도 여전히 그것이 필요하다면 구매할 수도 있지만, 때로는 그 욕구를 충족하지 않은 채 그냥 두어도 괜찮다는 사실을 깨닫게 될지 모른다.

'러킹Rucking' 또는 고강도 신체 활동

인간은 과거에 사냥과 채집을 위해 무거운 짐을 먼 거리까지 옮기는 능력이 필수적이었으며, 이에 맞게 독특하게 설계되었다. 하지만 현대의 인간은 신체적 요구를 거의 경험하지 않으며, 물질적 환경과의 연결도 최소화된 상태다.

이로 인해 몇 가지 문제가 나타날 수 있다. 우리는 신체적 건강을 잃고, 체중이 증가하며, 화면 앞에서 장시간 구부정하게 앉아 있는 탓에 자세가 나빠진다. 또한 자기중심적으로 변하고, 세상과의 연결이 추상적인 방식으로만 이루어진다고 믿게 될 수도 있다. 우리의 돈은 디지털 형태로 존재하며, 음식은 보이지 않는 공급망을 거쳐 플라스틱 포장으로 전달되고, 우리가 사는 집조차 다른 사람이 지어놓은 것이다. 이러한 생활 방식은 하루를 온전히 상징적인 영역에서만 보내게 만들 수 있다. 우리는 점점 더 움직이지 않게 되고, 신체와의 연결이 약해지며, 감각 또한 점차 무뎌져 간다.

이 문제를 해결하는 한 가지 방법은 퇴근 후 SUV를 타고 에어컨이 가동되는 헬스장에 가서, 비용을 지불하고 고가의 장비를 트레이너의 도움을 받아 사용하는 것이다. 하지만 더 진정성 있는 방법은 단순히 조상들이 했던 일을 따라 하는 것으로, 무거운 배낭을 메고 먼 거리를 걷는 것이다. 이를 통해 심폐 건강이 향상되고, 근육이 단련되며, 골밀도도 높아질 것이다. 물론 자동차를 탈 수도 있겠지만, 그렇게 할 때 잃어버리는 것들에 대해 의식적으로 생각해 볼 필요가 있다.

핵심은 신체적 노력이 눈에 보이는 결과로 직접 연결되도록 하는 것이다. 뒤돌아보며 얼마나 먼 거리를 걸어왔는지 확인하고, 점점 더 무거운 짐을 옮길 수 있게 된 자신을 발견해보라. 근육에 느껴지는 고통을 느끼며, 그것이 세상에서 실제로 행동을 취한 결과라는 점을 이해하라. 이러한 활동을 꾸준히 실천하다 보면, 더 뿌리 깊은 안정감과 목적의식을 느끼게 될 것이다.

예를 들어, 주말마다 캠핑을 가고 무거운 배낭을 꾸준히 짊어지는 사람은 직장에서 훨씬 더 정신적으로 강인해졌다는 사실을 깨닫게 될 수 있다. 비판, 지연, 어려움을 이전보다 훨씬 더 의연한 태도로 견딜 수 있음을 느낀다. 그리고 이러한 태도가 발이 아파도 멈추지 않고 걸어가는 능력과 직접적으로 연결되어 있음을 인식하게 된다.

지루함을 받아들이기

기차역이나 식당에서 혼자 있을 때, 즉시 휴대폰을 꺼내 들고 싶은 충동을 느껴본 적이 있는가? 아마 그 짧은 20~30초 동안, 아무런 오락거리 없이 버티는 일이 무척 고통스럽게 느껴졌을 것이다.

우리 사회에서 가장 해로운 문화적 습관 중 하나는 오락과 자극을 지나치게 중시하는 경향이다. 우리는 어쩌면 지루하지 않을 권리가 인간의 기본 권리라고 무의식적으로 믿고 있는지도 모른다. 하지만 정말 그런가? 우리의 세상은 데이터로 넘쳐나고, 우리는 끊임없는 자극과 흥미를 당연히 여기게 되었다. 눈을 뜨자마자 채 잠이 다 깨기도 전에 휴대폰을 들여다보고, 저녁 식사를 하면서 동시에 TV 프로그램을 시청하지 않으면 그 순간이 지루하다고 느낀다. 아이들의 하루 또한 빈틈없이 각종 활동으로 채우고, 숙제나 자기 할 일을 할 때도 지루하지 않도록 최대한 흥미롭고 재미있는 활동으로 만들어주려고 애쓴다. 하지만 자극이 적은 환경에서 자란 경험이 있다면, 지루함이야말로 소중한 선물이라는 사실을 알고 있을 것이다. 조용한 공간과 마음의 여유는 단순히 타인의 생각을 소비하는 대신, 스스로 생각을 정리하고, 휴식을 취하며, 새로운 아이디어를 만들어 낼 기회를 준다. 끊임없는 자극과 소음을 멀리하면, 장기적으로 생산성과 창의성이 더욱 향상된다. 이는 뇌가 외부에서 정보를 수동적으로 받아들이는 상태를 벗어나, 더 능동적이고 창의적으로 사고하게 만들기 때문이다. 많은 사람들이 샤워 중에 놀라운 통찰이나 창의적인 아이디어가 떠오르는 경험을 하게 되는 것도 이 때문이다. 샤워를 하는 그 짧은 시간 동안 뇌는 외부의 정보로 넘쳐나지 않는다. 대신 자유롭게 생각하고, 자신만의 연결고리를 만들며, 스스로 깨달음을 얻고, 이론이나 해결책, 새로운 질문들을 만들어 낸다.

지루함을 받아들이려면, 항상 자신에게 무언가를 하도록 강요하지 않는 것이 중요하다. 예를 들어, 병원 대기실에서 차례를 기다릴 때, 무엇인가 읽을거리를 찾느라 부산스럽게 움직이기보다 조용히 앉아 있는 것이다. 매일 20분씩 정말 아무것도 하지 않는 시간을 가져보라. 이 시간을 억지로 명상 시간으로 만들어야 할 필요도 없다. 그저 머릿속 엔진을 끈다고 상상하고 잠시 멈추는 것이다. 주의를 딴 데로 돌리지 않고 지금, 이 순간을 있는 그대로 받아들이고 오롯이 자신으로 있는 것에 완전히 편안함을 느낄 수 있다면, 인내심과 평온함, 자기 조절 능력을 기를 수 있을 것이다.

불편함을 의식적으로 활용하기 위해 시도해 볼 수 있는 다른 훈련들은 다음과 같다.

- '일시적인 가난'을 체험해 보라. 일정 기간 동안 소비를 최소화하고, 꼭 필요한 것조차 의도적으로 없이 지내는 경험을 해보는 것이다. 예를 들어, 검소한 옷차림을 하고, 적게 먹으며, 새로운 물건을 구매하는 대신 오래된 것을 수리해 사용하는 방식이 될 수 있다. 이 과정은 자신을 벌하거나 다른 사람과 경쟁하기 위한 것이 아니다. 오히려 자신의 감각적 욕망, 두려움, 힘을 통제하는 법을 배우기 위함이다.

- 편리하고 편안한 상황을 선택하는 대신 의도적으로 불편한 상황을 선택해

보라. 예를 들어, 차가운 물로 샤워를 하거나, 매우 짧은 시간 안에 샤워를 끝내보라. 약간 추위를 느낄 만큼 얇은 옷을 입거나, 맨바닥에서 자보는 것도 한 방법이다. 자동차를 두고 걸어서 목적지까지 가보는 것도 시도해 볼 만하다.

- 당연하게 여겼던 즐거움을 일부러 포기해 보라. 술을 마시지 않기로 하거나, 초코바 같은 간식을 피하거나, 주말 늦잠을 포기하고 일찍 일어나보는 식이다.

- 직접 해보라. 손빨래를 하거나, PC 대신 펜과 종이로 문서를 작성해 보라. 재료 준비부터 조리까지 직접 요리하거나, 도움 없이 고장 난 물건을 직접 고치는 방법을 찾아보는 것도 좋은 훈련이 될 것이다.

이 모든 것을 실천하면서, 자신을 순교자처럼 여기거나 불행하다고 느끼는 데 초점을 맞추지 않도록 주의해야 한다. 그것이 핵심이 아니다. 오히려, 지금 느끼는 불편함이 생각만큼 힘든지 스스로에게 물어보자. 또한 아무리 큰 불편함이라 해도, 자신이 해야 할 일이나 원하는 일을 진정으로 방해하는지 점검해 보는 것이 중요하다. 마지막으로, 그 불편함을 견딜 수 있을 뿐만 아니라 그로부터 무언가를 배울 수 있다는 사실에 주목하라. 그리고 그 경험에서 얻은 교훈을 또 어떤 다른 상황에 적용할 수 있을지 생각해 보라.

ACT를 활용한 심리적 유연성 기르기

코로나19 팬데믹 기간 동안, 많은 사람들이 이전에는 경험해 보지 못한 정신적 어려움을 경험했다. 불안하고, 우울하며, 극도로 연약한 자신의 모습에 놀란 이들도 있었다. 성숙하고 유능하며, 인생의 다양한 기술을 갖추고 있던 사람들조차도 감정을 조절하지 못하고, 과민하게 반응하며, 타인과 제대로 소통하지 못하는 상태에 빠졌다.

물론 팬데믹은 복잡한 현상이었으며, 사람들이 이를 경험한 방식도 제각각이었다. 하지만 어떤 사람들은 이러한 피할 수 없는 스트레스에 더 잘 대처했던 반면, 또 다른 사람들은 쉽게 흔들렸다는 점을 되돌아볼 필요가 있다. 그 차이를 만든 중요한 요소 중 하나는 심리적 유연성이다. 심리적 유연성이란 변화, 불확실성, 고통 속에서도 자신의 가치관에 따라 지속적으로 행동할 수 있는 능력을 말한다.

심리적 경직성은 이러한 방식으로 행동하지 못하는 상태를 의미하며, 특히 매우 어려운 상황이나 예상치 못한 상황에 직면했을 때 더욱 두드러지게 나타난다. 심리적 경직 상태에서는 불편함을 피하려는 반사적인 반응을 보이며, 회피를 주요 대처 전략으로 삼는 경향이 있다. 의식적으로 미래를 내다보고 원칙과 목표에 따라 행동하기보다, 수동적이고 즉각적인 반응에 머무를 수 있다.

심리적 유연성은 불편함을 견디는 능력, 자기 조절 능력과 함께 절제하는 삶의 토대를 이루는 세 가지 핵심 태도 중 하나다. 앞 장에서 우리는 고통, 불편함, 지루함, 불확실성 등을 견디지 못하는 태도가 어떻게 장기적으로 회복력과 자신감을 떨어뜨릴 수 있는지 살펴보았다. 이는 편안하고 즐거운 삶이 우리가 진정으로 원하는 것이라고 믿는 경우에도 마찬가지다. 같은 맥락에서 심리적 경직성은 그 순간에는 유용한 전략처럼 보일 수 있지만, 장기적으로는 전반적인 삶의 질을 저해할 수 있다.

간단한 예를 들어보자. 코로나19 팬데믹 초기, 가상의 인물 제니의 상황을 상상해 보자. 제니의 노모는 제니의 집에서 멀리 떨어진 요양원에 계신다. 지역 전체가 봉쇄되자 제니는 더 이상 한 달에 두 번씩 어머니를 방문할 수 없다는 사실에 크게 불안해한다. 이제 그녀가 통제할 수 없는 이러한 상황에서 취할 수 있는 두 가지 태도를 살펴보자.

태도1 심리적 경직성

"이런 일이 일어나다니 믿을 수 없어. 너무 끔찍해. 만약 어머니에게 무슨 일이 생기면 내가 곁에 있어 드릴 수 없잖아. 견딜 수 없어. 이건 너무 불공평해. 어쩌면 어머니가 몇 년 안에 돌아가실 수도 있는데, 지금이 어머니와 시간을 보낼 마지막 기회라면 어쩌지? 정말 어떻게 해야 할지 모르겠어. 너무 괴로워. 이럴 줄 알았더라면 진작에 더 많은 시간을 함께 보냈을 텐데…."

> 태도 2 **심리적 유연성**

"이런 일이 일어나다니 믿을 수 없어. 정말 끔찍하고 마음이 아프다. 하지만 이 일 때문에 소중한 사람과의 연락이 단절되는 것은 용납할 수 없어. 어머니를 방문할 수 없다면 전화를 하거나 영상 통화를 할 거야. 간호사들과 이야기해서 무언가 방법을 마련할 수도 있을 거야. 지금 당장은 어떻게 해야 할지 모르겠지만, 반드시 해결책을 찾아낼 거야. 지금 어머니에게는 내가 필요해. 어머니는 내게 누구보다 소중한 사람이고, 어떤 방식으로든 곁에 있어 드릴 거야."

이 두 태도의 차이는 명확하다. 이제 두 번째 반응이 첫 번째 반응과 어떻게 다른지 자세히 살펴보자.

첫 번째 태도는 두려운 미래와 과거에 대한 후회에 집착하고 있다. 반면, 두 번째 태도는 현재 상황과 지금 할 수 있는 일에 집중하고 있다. 첫 번째 태도는 부정적인 감정에 회피와 저항으로 반응하지만("나는 못 해, 견딜 수 없어."), 두 번째 태도는 감정을 인정하면서도 그 감정에 완전히 사로잡히지 않는다. 즉, 감정이 의미 있는 행동을 방해하지 않는다. 두 번째 태도는 적극적이고 명확한 목표에 따라 행동하는 반면(가족은 매우 소중하다), 첫 번째 태도는 수동적이고 무기력하다. 마지막으로, 두 번째 태도에서는 제니가 어머니의 관점에서 상황을 바라보고, 스스로 긍정적이고 해결 중심적인 사고를 유도하는 이야기를 만들어낸다는 점을 주목하라. 반면, 첫 번째 태도에서는 부당함에 대한 계속된 집착이 제니를 수동적이고 원망 가득한 감정에 갇히게 만든다. 결국, 제니는 피해자로 남을 수도 있고, 자신의 삶에서 의식적이고 적극적인 주체가 될 수도 있다.

이 예시를 통해, 우리는 첫 번째 태도에서 두 번째 태도로 전환하는 것이 얼마나 가치 있는 일인지 알 수 있다. 이는 다음과 같은 변화를 의미한다.

- 경험 회피에서 경험을 받아들이는 태도로의 변화
- 융합fusion에서 탈융합defusion(즉, 감각과 동일시하지 않음)으로의 변화
- 과거/미래에 초점을 맞추는 것에서 현재 순간에 대한 인식으로의 변화
- 경험에 대한 경직된 이야기에서 유연한 관점 수용으로의 변화
- 방향성 부족에서 명확한 가치와 원칙으로의 변화
- 무행동에서 가치 중심적이고 의지가 담긴 행동으로의 변화

이러한 관점에서 우리의 주요 목표는 삶에서 중요한 것들에 점점 더 가까이 다가가는 것이다. 하지만 고통과 불편함을 피하거나 어려운 경험에서 벗어나려고 노력하는 것은 이러한 중요한 것들에 집중하지 못하게 만드는 주요 원인 중 하나다. 우리는 어려움을 피하는 데 주의를 기울이느라, 자신이 가치 있다고 여기는 것과 원하는 방향으로 나아가는 것에서 멀어지곤 한다.

이 문제를 해결하기 위해 생각을 재구성하는 방식(CBT 즉, 인지행동치료에서 활용)이나 현재 문제를 야기한 과거의 사건을 탐구하는 방식(심리치료에서 종종 활용)을 시도할 수도 있다. 그러나 또 다른 접근법은 어려움과 부정적인 경험을, 단지 그것이 가치 중심의 의미 있는 삶에 방해가 되는 경우에만 문제로 보는 것이다. 이 접근법이 바로 ACT, 즉 수용전념치료 Acceptance and Commitment Therapy다.

간단히 말해, ACT는 부정적이거나 불편한 감각이 나타나더라도 자신이 가치 있게 여기는 것에 계속 집중하는 법을 배우는 것이다. 이 능력이 바로 심리적 유연성이라고 불리는 것이다. 고통과 그것을 피하는 방법에만 집중할 때, 우리의 인식은 좁아지고 경직되며 유연성을 잃는다. 그러나 현재에 집중하고 가치에 기반한 적극적인 행동을 취할 때, 우리는 더욱 유연하고 적응력이 높아지며, 삶을 바라보는 시각이 완전히 달라진다. 그렇다면, ACT에서 말하는 심리적 유연성 개념이 미루는 습관을 극복하는 데 어떤 도움이 될 수 있을까?

ACT는 모든 생각과 감정을 그 본질에 상관없이 열린 마음으로 받아들이도록 장려한다. 이는 생각과 감정을 긍정적이든 부정적이든 판단하거나 피하려 하지 않고, 있는 그대로 수용하는 것을 의미한다. 하기 싫은 일을 마주했을 때, 부정적인 생각에 휘말리거나 그 일을 회피하려 하기보다는, 현재에 집중하고 그 활동에 온전히 몰입하는 것을 선택할 수 있다. 불편하거나 불쾌한 감정이 일어나더라도 이를 받아들이고 인정함으로써 그 일이 별로 즐겁지 않아도 자신의 가치에 부합하는 행동을 계속 이어갈 수 있다.

이것은 어떤 사람들에게는 획기적인 깨달음이 될 수 있

다. 어떤 일을 하기 위해 그 일을 좋아할 필요는 없다. 그 일을 하면서 불편한 감정을 느낄 수는 있지만, 그 감정이 반드시 특별한 의미를 지니는 것은 아니다. 우리는 언제나 자신이 소중히 여기는 목표와 가치에 따라 행동할 수 있는 힘을 가지고 있다. 이는 우리가 순간적으로 느끼는 감정과는 무관하다. 이러한 접근 방식은 놀라운 자유를 가져다줄 수 있다. 단지 내가 선택했기 때문에 행동할 수 있다는 것이다. 동기, 영감, 편안함, 흥미, 즐거움 같은 요소는 반드시 필요하지 않다. 심리적 유연성을 키우기 위해, 다음의 여섯 가지 사고방식 전환이 도움이 될 것이다.

수용

마음챙김을 실천하고 어려운 생각과 감정에 마음을 열어 기꺼이 받아들이는 태도를 길러라. 공식적인 마음챙김 수행으로는 조용히 앉아 이러한 경험들이 자연스럽게 존재하도록 허용하는 방법이 있다. 비공식적으로는 고통스러운 생각과 감정을 피하거나 없애려는 시도를 멈추고, 그것들을 자신이 진정으로 소중히 여기는 것을 향해 나아가는 여정의 일부로 받아들여라.

자신의 삶에서 회피하고 있는 부분을 파악하려면 스스로에게 이렇게 물어보라. '나는 무엇을 느끼길 꺼리고 있는가?' 이 질문은 무엇에 초점을 맞춰야 할지 분명히 하는 데 도움을 줄 것이다. 그 감각을 회피하려 하기보다, 그 감각을 있는 그대로 받아들일 수 있는지 시도해 보라. 불편함에 마음을 열고 그것을 정면으로 마주하는 연습을 많이 할수록 회피에서 벗어나 자신의 가치와 목표에 더욱 충실할 수 있게 된다.

예를 들어, 제니는 자신이 공포와 불안에 휩싸여 있음을 깨닫는다. '그냥 울어버릴까?'라는 생각이 떠오르는 것을 알아차린다. 그녀는 이러한 슬픔과 절망감을 있는 그대로 받아들이며, 이 감정이 현실의 일부임을 인정한다. 하지만 이러한 현실에 '두 번째 화살'을 더하지 않는다. 그녀는 이 감정을 외면하거나, 없는 척하거나, 다른 것들로 무마하려 하지 않는다. 또한, 이 감정을 판단하거나 진단하지 않으며, 이 감정 때문에 죄책감이나 수치심을 느끼지도 않는다. 그렇다고 해서 이 감정을 지나치게 확대하거나 슬픔을 과장해 깊은 절망 속으로 빠지지도 않는다. 대신 그녀는 잠시 멈춰 스스로를 돌아보며 단순히 이렇게 깨닫는다. '나는 지금 슬프다. 이것이 내가 느끼고 있는 감정이다.' 그리고 그걸로 충분하다. 수용은 첫 번째 단계다. 그다음으로 우리는 융합(생각과 얽혀 있는 상태)에서 탈융합(생각을 자신과 분리된 것으로 보는 상태)으로 나아가는 법을 배워야 한다.

인지적 탈융합

우리의 생각은 의식 속에서 일어나는 하나의 사건일 뿐이며 절대적인 현실이 아니다.

생각은 단순히 생각일 뿐, 확고한 진실이 아니라는 사실을 인식하자. 이 점을 깨닫게 되면 심리적으로 약간의 거리를 둘 수 있게 되고, 감각이나 경험이 결국에는 지나간다는 사실을 깨달을 수 있다. 당신의 생각과 감정은 당신이 누구인지 규정하지 않는다. 그리고 그것들은 영원히 지속되지 않는다.

부정적인 생각의 소용돌이에 갇힌 것처럼 느껴진다면, 다음과 같은 간단한 방법을 시도해 보라. 손을 공중에 들어 올린 뒤 좌우로 흔들면서 동시에 이렇게 말해보라. "나는 지금

손을 흔들고 있지 않아." 이 간단한 행동만으로도, 머릿속에서 떠오르는 생각이 항상 진실을 의미하지는 않는다는 사실을 곧바로 깨달을 수 있다.

이 개념을 진정으로 이해하게 되면, 더 유익하고 자신의 목표에 부합하는 생각을 스스로 선택할 수 있는 힘을 가지게 된다. 예를 들어, 제니는 자신의 상황에 대해 느끼는 슬픔을 받아들이면서도, 마음속에 떠오르는 몇 가지 생각과 믿음을 알아차리게 된다. 그중 하나는 이런 것이다. '나는 피해자야. 다른 사람들이 내 삶을 좌지우지하고 있어.' 그녀는 이 생각이 자신의 행동에 영향을 미친다는 사실을 깨닫는다. 이 생각은 그녀의 슬픔을 키울 뿐만 아니라, 그 상황을 완전히 회피하고 싶게 만드는 원인이기도 하다("나는 견딜 수 없어"). 만약 자신에게 통제권이 없고, 다른 사람들의 행동이 자신의 현실을 좌우한다고 믿는다면, 누구라도 슬프고 좌절할 것이다. 더 나아가, 그런 믿음은 행동할 의욕조차 잃게 만들 수 있다. 하지만 제니는 이 사고방식을 인식하면서, 그러한 생각이 자신이 소중히 여기는 것(가족)과 멀어지게 하고, 스스로를 더욱 힘들게 만든다는 사실을 알게 된다. 이를 인식하기 위해서는 자신의 생각에 대한 집착을 내려놓고, 더 유익한 방식으로 사고할 수 있음을 받아들여야 한다.

현재에 머무르기

이 연습은 매우 간단하고, 언제든 실천할 수 있다. 과거에 대한 후회나 미래에 대한 걱정에 사로잡힐 때마다 의식적으로 주의를 현재로 돌려보자.

현재에 머무르는 연습은 오감을 통해 들어오는 자극에 주의를 기울이는 것에서 시작한다. 우리의 몸은 항상 현실 세계, 즉 현재에 존재하기 때문이다. 몸의 감각을 온전히 느끼고 그 안에 머무는 순간, 자연스럽게 현재에 집중하게 된다. 현재에 집중해야 하는 이유는 간단하다. 현재는 우리가 가장 쉽게 다룰 수 있을 뿐만 아니라, 실제로 변화를 만들어낼 수 있는 유일한 시간이다. 아무리 과거를 후회하거나 미래를 걱정해도, 행동할 수 있는 순간은 오직 '지금 여기'뿐이다. 그러니 걱정 대신 현재에 머물러 보자. 그것이 가장 효과적이고 현실적인 선택이다! 어디에 있든 잠시 멈춰 몸이 느끼는 감각, 소리, 냄새, 시야, 맛에 주의를 기울여 보자. 이러한 연습은 현재의 순간에 집중하도록 도와주고, 과거나 미래에 관한 생각에서 벗어나는 데도 도움이 된다. 제니의 예를 들자면, 그녀는 불안과 걱정으로 마음이 복잡해졌을 때, 과거에 대한 후회나 미래에 대한 걱정에 머물기보다는 현재에 초점을 맞추기로 한다. 머릿속이 수많은 생각들로 가득 차 혼란스러워도, 지금 이 순간을 바라본다. 그녀는 몸이 안전하고 따뜻하며 편안하다는 사실을 깨닫는다. 창밖에는 아름다운 석양이 펼쳐져 있고, 구석에는 고양이가 조용히 잠들어 있다. 주방에서 저녁 식사가 준비되는 냄새가 은은히 풍겨온다. 그녀는 숨을 쉬고 있고, 깨어 있으며, 살아 있음을 자각한다. 현재의 공간과 순간을 있는 그대로 받아들이자, 모든 문제가 한결 덜 부담스럽게 느껴진다. 과거나 미래에 관한 생각은 현실이 아니라는 점을 기억하자. 그것들은 단지 현재 순간에 일어나는 인지적 사건일 뿐이다. 이 사실을 깨닫게 되면, 다른 시간이나 장소에 관한 생각과 감정에 휘둘리지 않고, 지금 이 순간 삶에서 얻을 수 있는 기쁨, 의미, 기회를 온전히 누릴 수 있다. 현재에 연결되어 있을 때, 우리는 더욱 유연해지고, 생동감 넘치는 삶을 살며, 보다 많은 가능성을 품을 수 있다.

맥락으로서의 자기 Self-as-Context

유연한 시각을 연습하며 자신과 타인에 대한 고정된 이야기가 절대적인 진실이 아님을 인식하자. 타인을 이차원적인 캐리커처처럼 단순화하려는 경향을 버리고, 강점과 약점, 희망과 두려움을 지닌 복잡하고 다면적인 인간으로 바라보는 법을 익혀야 한다. 다른 사람의 입장에서 그들의 시각을 탐구하며 공감과 이해 능력을 키워보자.

제니를 예로 들어보자. 제니는 자신이 어머니를 요양원에 버린 나쁜 딸이며, 어머니가 혼자 외롭게 죽음을 앞두고 있고, 이 모든 것이 자신의 잘못이라고 스스로를 몰아세우고 있을지 모른다. 그러나 이는 단지 제니가 만들어낸 이야기일 뿐이다. 실제로 제니의 어머니는 봉쇄 상황을 전혀 걱정하지 않고 있을 수도 있다. 어쩌면 어머니는 제니의 방문이 꼭 필요하지 않다고 느끼며, 전화 통화로 이야기하는 것만으로도 충분히 만족하고 있을지도 모른다.

또한, 유연한 자아관을 형성하려면, 한 가지 평가나 이야기가 인간의 복잡한 삶을 온전히 담아낼 수 없다는 점을 이해해야 한다. 이는 자신뿐만 아니라 타인에게도 적용된다. 자신의 가치가 외부적인 성취나 타인과의 비교에 의해 전적으로 결정되지 않는다는 사실을 명심하자. 도전과 어려움 속에서도, 그러한 경험과 개인적인 성장이 한 인간으로서의 발전에 중요한 역할을 한다는 사실을 받아들여야 한다.

가치

가치에 따라 살아가기 위해, 일상의 활동을 당신에게 진정으로 중요한 것과 다시 연결해 보자. 먼저 당신의 가치를 명확히 하는 것에서부터 시작하라. 가치란 당신에게 본질적으로 의미 있는 삶의 태도와 행동 방식을 의미한다. 자신이 어떤 모습으로 기억되고 싶은지, 평생 동안 어떤 자질을 지니고 살고 싶은지 곰곰이 생각해보라.

예를 들어, 제니는 수치심이나 죄책감을 느끼는 실패자나 피해자 같은 존재가 되는 것을 가치로 여기지 않는다. 그렇다면 왜 그녀는 그러한 상태에 빠지거나 그러한 자신을 부정하는 데 정신적 에너지를 쏟아야 하는가? 대신, 그녀는 자신이 되고자 하는 사람, 즉 가족과의 관계를 중시하며, 사랑스럽고, 충실하고, 헌신적인 사람이 되는 데 집중할 수 있다.

이러한 명확한 방향을 얻기 위해 '묘비명 작성 연습'을 시도해 보자. 이 활동은 당신이 진정으로 소중히 여기는 것에 초점을 맞추고, 그렇지 않은 잡음을 제거하는 데 도움을 준다. 방법은 간단하다. 당신의 묘비나 부고에 어떤 말이 쓰이길 원하는지를 생각해 보는 것이다. 그리고 오늘 죽는다면 그것에 어떤 말이 쓰일지 비교해 보라. '제니는 죄책감과 불안감에 시달린 사람이었다.', '제니는 피해자였다.' 그 차이를 만들어내는 핵심은 가치 중심의 집중된 행동에서 나온다는 점을 이해하라. 순간적인 경험과 장애물이 당신을 규정하게 내버려 두지 말라.

가치는 목표와 다르다는 것을 기억하라. 목표는 과거나 미래에 존재하는 특정 성취를 의미하는 반면, 가치는 현재의 행동을 이끄는 지속적인 신념이다. 가치는 행동에 의미를 부여하며, 인생 전반에 걸쳐 계속 존재하면서 상황 변화에 따라 새로운 방식으로 표현되고 발전해 나간다.

전념 행동 Committed Action

이제 ACT가 진정으로 빛을 발하는 순간이다. 어떤 어려운 상황에서도, 크든 작든 의미 있고 가치 있는 행동을 실천하는 것이 최선의 해결책이다. 제니의 경우, 어머니와의 소중한 관계를 유지하기 위해 즉시 전화를 걸어 앞으로의 통화 일정을 계획할 수 있다. 새로운 장애물이 나타났지만, 그녀는 행동을 통해 이를 극복하려 한다.

이 행동은 두 가지 중요한 효과를 가져온다. 첫째, 당면한 문제를 해결하고, 둘째, 제니가 스스로 삶을 주도하는 능동적인 존재로 인식하도록 돕는다. 행동에 나선 후, 그녀는 더 이상 불안에 휘둘리지 않는다. 삶을 수동적으로 기다리는 대신 스스로 책임지고 이끌어가고 있다는 확신이 생기기 때문이다. 또한, 이 행동은 그녀의 목표와 일치하기에 더욱 의미가 깊으며, 목표에 충실하고 회복탄력성을 발휘하고 있다는 자신감을 준다. 삶의 스트레스와 역경을 거친 바다에 비유하자면, 가치 중심의 전념 행동은 그 바다를 항해하는 데 필요한 나침반과 같다. 우리는 불편한 상황에 갇히는 대신, 그것을 헤쳐나갈 방법을 찾을 수 있다. 장애물로 가로막혀도, 우리는 보람과 목표를 향해 나아갈 길을 개척할 수 있다.

전념 행동은 의미 있는 변화를 위해 필수적이다. 이는 자신의 행동을 가치와 일치시키고, 새로운 방향으로 나아가기 위해 작지만 꾸준한 발걸음을 내딛는 것을 의미한다. 이를 지원하기 위해, 알림 설정, 기록하기, 보상 제공, 규칙적인 루틴, 관계 활용, 반성, 구조 재편과 같은 전략을 활용할 수 있다.

행동 변화를 이루는 일은 쉽지 않지만, 이러한 전략은 새로운 행동이 스스로 강화될 때까지 발판 역할을 한다. 궁극적인 목표는 새로운 행동이 내재적으로 의미 있고 즐거운 활동이 되어 자연스럽게 지속되도록 하는 것이다.

예를 들어, 당신이 업무 보고서를 작성해야 하지만, 그 일이 지루하다는 이유로 계속 미루고 있다고 가정해 보자. 먼저, 보고서 작성을 지루하게 느끼는 자신을 솔직하게 받아들이되, 이를 억누르거나 판단하지 않는다(수용). 그리고 지루함은 단지 순간적인 경험일 뿐 당신의 전부가 아니라는 사실을 상기한다(탈융합). 이어서 무의미한 인터넷 스크롤로 도망치지 않기로 의식적으로 선택하고(현재에 머무르기), 동시에 사람들이 이 보고서를 기다리고 있다는 사실과 보고서를 작성하면 그들에게 도움을 줄 수 있다는 점에서 만족감을 얻는다는 사실을 떠올린다(맥락으로서의 자기와 가치).

그리고 나서 당신은 전념 행동을 한다. 이는 그 일이 더 이상 지루하게 느껴지지 않기 때문이 아니라, 그 일이 지루하더라도 행동할 수 있다는 사실을 깨달았기 때문이다. 몇 분간 일에 몰두하다 보면 처음에 왜 그렇게 저항했는지 잊어버리게 되고, 결국 보고서를 완성하며 스스로에 대해 좋은 감정을 느낀다. 이로써 당신은 중요한 교훈을 얻게 된다. 당신은 자신의 삶을 주도할 수 있는 사람이며, 삶의 결과를 스스로 결정할 수 있다.

감정 조절의 90초 법칙

"더 이상 상황을 바꿀 수 없다면, 우리는 스스로를 변화시켜야 한다… 인간에게서 모든 것을 빼앗아 갈 수 있어도 단 한 가지, 마지막 남은 인간의 자유, 즉 주어진 환경에서 자신의 태도를 결정하고 자신의 길을 선택할 수 있는 자유만은 빼앗아 갈 수 없다."

- 빅터 프랭클 Viktor Frankl, 《죽음의 수용소에서 Man's Search for Meaning》

감정을 조절한다는 것은 간단한 개념이지만 결코 쉬운 일이 아니다. 이는 특정 상황에 대한 우리의 반응을 스스로 선택하는 능력을 의미하며, 상황이 우리의 선택을 좌우하도록 내버려 두지 않는 것이다. 이는 본질적으로 앞에서 설명한 ACT 기법이 가르치는 핵심과도 일맥상통한다. 결국, 우리는 감정적으로 압도당하더라도, 혹은 우리가 처한 상황이 불공평하고, 불쾌하며, 고통스럽거나 두렵고 혼란스러울지라도, 스스로 어떻게 반응할지 선택할 수 있는 '인간의 자유'를 가지고 있다.

감정을 조절한다고 해서 감정이 없어지거나 아무것도 신경 쓰지 않게 되는 것이 아니다. 오히려 우리가 느끼는 감정들은 그대로 유지되지만, 그것들이 우리의 삶에서 차지하는 위치가 달라지는 것이다. 감정을 잘 조절하는 상태는 마치 우리가 차를 운전하고 있고, 감정은 이 차의 승객인 것과 같다. 감정이 차를 운전하는 것이 아니라, 우리가 운전대를 쥐고 있는 것이다.

프랭클은 또 다른 글에서 이렇게 말했다. "자극과 반응 사이에는 공간이 있다. 그 공간 안에 우리의 반응을 선택할 수 있는 힘이 있고, 그 반응 안에 우리의 성장과 자유가 있다." 그러나 실제 삶에서는 우리가 처한 상황 또는 그에 대한 우리의 반사적인 반응을 전혀 통제할 수 없는 경우가 많다. 예를 들어, 누군가 발을 밟으면 우리는 즉시 고통에 비명을 지른다. 나쁜 소식을 들으면 우리는 곧바로 충격과 불신에 빠진다. 이러한 반응, 즉 분노, 고통, 두려움과 같은 감정은 모두 우리의 통제 범위 밖에 있다.

따라서 '감정 조절'이라는 표현은 다소 오해를 불러일으킬 수 있다. 사실 우리는 어떤 것도 통제할 필요가 없다. 프랭클이 말하는 공간이나 간격은 우리가 무언가에 대해 자동적으로 감정을 느끼는 짧은 순간으로 이해될 수 있다. 이 짧은 시간이 지나면 다시금 모든 것이 우리의 통제 아래에 놓인다. 다시 말해, 그다음에 우리가 무엇을 선택하느냐가 가장 중요한 차이를 만든다.

신경과학자이자 《나는 내가 죽었다고 생각했습니다My Stroke of Insight》의 저자, 질 볼트 테일러Jill Bolte Taylor는 90초 법칙을 다음과 같이 설명한다. "사람이 주변 환경의 무언가에 반응하면 90초 동안 화학적 과정이 일어난다. 그 이후에 지속되는 감정적 반응은 단지 그 사람이 스스로 그 감정 상태에 머물기로 선택한 것일 뿐이다."

"근본적으로, 뇌 회로의 세포를 살펴보면 모든 반응은 단순히 세포들이 자기 기능을 수행하는 것이다. 위협이 있다는 생각이 떠오르고, 그 두려움 회로가 활성화되면, 이는 그와 관련된 감정회로, 즉 투쟁-도피 fight-or-flight 반응을 자극할 것이다. 이는 보통 노르에피네프린이나 분노와 관련된 화학 물질이 혈류로 급격히 유입되는 생리적 반응을 촉발한다. 이 화학 물질은 빠르게 몸에 차올랐다가, 90초 이내에 빠져나간다. 다시 말해, 이러한 일련의 화학 반응은 위협을 떠올리는 생각에서 시작해 몸 밖으로 빠져나가기까지 90초도 걸리지 않는다.

시계의 초침을 보라. 초침을 보는 순간, 당신은 그 감정에 휘말리는 대신 이 생리적 반응을 관찰하는 상태가 된다. 이 과정은 90초도 채 걸리지 않으며, 금세 기분이 나아진다. 물론 다시 그 생각으로 돌아가 감정을 다시 불러일으킬 수도 있다. 예를 들어, 20년 전에 당신에게 잘못을 저지른 누군가에 대한 기억이 머릿속 어딘가에 남아 있다면, 그 사람을 떠올릴 때마다 여전히 같은 감정의 회로가 작동할 것이다. 그러니 화가 나서 점점 격해질 때는 시계를 보라. 분노 반응이 가라앉는 데는 90초도 채 걸리지 않는다."

이러한 경험들이 오래 지속되지 않는다는 사실을 알게 되면, 그것들을 받아들이고, 분리하고, ACT에서 설명한 것처럼 진정으로 중요한 것, 즉 자신의 가치와 목표를 상기하기가 더 쉬워진다. 가장 강렬하고 불쾌한 경험조차도 길어야 90초 안에 끝난다고 생각해 보라. 그렇다면 그 경험이 90초 안에 끝나도록 하고, 굳이 그 이상으로 끌고 가지 않는 것이 합리적이지 않을까?

90초가 지나면, 초기 화학 반응은 끝난다. 그럼에도 여전히 두려움, 분노, 불안감 같은 감정을 느낀다면, 그것을 계속 부추기는 것은 더 이상 당신의 생리적인 반응이 아니다. 그것은 바로 당신의 생각이 화학적 변화를 다시 자극하는 것이다. 다시 말해, 90초의 과정을 계속 반복하는 것은 당신의 선택이다. 이러한 생각들이 자기 강화적 순환 구조를 형성해 화학 반응을 재활성화하며 감정을 더욱 깊이 자리 잡게 만든다.

아이러니하게도, 인간만이 가진 독특한 사고 능력이 우리를 감정의 순환 구조에 갇히게 만들 수 있다. 예를 들어, 처음 예상했던 것보다 더 많은 일을 해야 한다는 사실에 분노를 느낀다고 하자. 이 분노는 고작 90초 동안 지속된다. 하지만 그다음에는 이 분노 자체에 화가 나기 시작한다. 그 후에는 그 이차적 분노에 대해 죄책감을 느끼고, 그러다 보면 또 다른 화낼 거리를 찾아내게 된다. 그렇게 어느새 당신은 끔찍하게 스스로를 강화하는 순환 구조에 빠져 있게 된다. 사실 처음 90초 동안의 반응은 피할 수 없었지만, 그 이후는 전적으로 당신의 선택에 달린 것이었다!

90초의 창을 활용하는 네 가지 전략

감정을 조절할 수 있다는 것은 충동에 휘둘리지 않고, 장기적인 목표와 책임에 더 집중할 수 있다는 의미다. 이를 통해 우리는 더 신중하게 결정을 내리고, 삶을 주도적으로 살아갈 수 있는 능력을 갖추게 된다. 감정의 촉발 요인을 인식하고, 자기 인식을 키우며, 감정 반응을 조절할 수 있는 능력을 갖추면 책임감과 자기 절제력을 기르는 데 큰 도움이 된다. 이러한 감정 조절 능력을 익힐 때의 분명한 이점 중 하나는 삶을 더 즐길 수 있다는 것이다. 또한, 불필요하게 상황을 어렵게 만들지 않기로 의식적으로 선택하며 더 균형 잡힌 삶을 살 수 있다.

당신은 90초 법칙을 알고 있는 것만으로도 이미 유리한 입장에 설 수 있다. 감정이 밀려오는 90초 동안은 어떠한 결정도 내리지 않겠다고 스스로에게 약속하자. 그저 감정이 흘러가게 두고, 그 이후에 행동하라. 그러면 훨씬 더 명확한 상태에서 결정을 내릴 수 있을 것이다. 감정이 가장 격렬한 순간에 행동하면, 오히려 더 큰 문제를 초래할 수 있다. 잠시 멈추고, 상황을 관찰하며, 감정에서 한 발짝 물러나라. 그러면 그 격렬한 감정의 '파도'가 얼마나 빠르게 찾아왔다가 다시 사라지는지 깨닫고 놀라게 될 것이다.

1. 자신의 위험 신호를 파악하라.

자기 절제력을 기르기 위해서는 자신의 위험 신호를 알고 이해하는 것이 필수적이다. 90초의 창이 열리기 전, 부정적인 감정 반응을 유발하는 특정 요인들을 탐구하고 파악하는 데 시간을 투자하라. 예를 들어, 어떤 일을 미루게 되는 이유는 단순히 미루는 것을 좋아해서일 수도 있고, 편안한 상태를 벗어나기 싫어서일 수도 있다. 혹은 명확한 계획이 부족하거나, 모든 일이 흥미롭게 느껴지지 않기 때문일 수도 있다.

자신의 감정 반응을 촉발하는 사람, 상황, 시간대, 환경, 혹은 특정한 자극(예: 음악)과 같은 요인들을 돌아보라. 이런 트리거를 깊이 이해하면, 이를 더 효과적으로 관리하고 주도적으로 다룰 수 있는 기반을 마련할 수 있다.

예시 공부를 하던 중, 교재에서 어려운 부분을 만난다. 몇 초 만에 익숙한 패턴으로 빠져든다. 내용을 바로 이해하지 못하자, 스스로가 어리석고 한심하게 느껴진다. 이 감정은 곧 도피하고 싶다는 충동으로 이어진다. 이내 당신은 이러한 반응이 자신에게 흔한 트리거임을 알아차린다. 그리고 이 트리거는 대개 자리에서 일어나 주방으로 향하게 하고, 기분을 달래줄 간식을 찾게 만든다는 것도 알고 있다.

하지만 이제는 '나는 멍청해.'라는 생각과 혼란스러운 감정이 트리거가 된다는 사실을 알고 있기 때문에, 주방으로 향하는 대신 90초 동안 그 감정을 흘려보내기로 의식적으로 선택할 수 있다. 마음을 가라앉히는 안정화^{grounding} 기법을 시도해보거나, "처음부터 모든 걸 이해하지 못해도 괜찮아. 나는 배우고 있고, 점점 나아지고 있어."와 같이 긍정적인 확언을 되뇌어 본다. 1~2분이 지나면 처음의 강렬했던 감정이 사라진 것을 느낄 수 있을 것이다. 그리고 다시 집중력을 되찾아 학습을 이어간다. 이렇게 당신은 몇 시간 동안 미루기를 반복하게 만들었을지 모를 악순환을 끊어낼 수 있다.

2. 감정 반응을 확인하라.

감정 반응을 이해하는 것은 자기 절제를 위해 매우 중요하다. 감정은 심혈관계, 근골격계, 신경내분비계, 자율 신경계 등 다양한 신체 시스템의 활성화를 통해 고유한 생리적 '특징'으로 나타난다. 감정을 경험할 때 잠시 멈추어, 신체에서 일어나는 반응을 관찰하고 인식해 보라. 예를 들어, 분노를 느낄 때는 턱을 꽉 물거나 근육이 긴장되고, 심장 박동이 빨라지거나 증가할 수 있다. 반면, 행복할 때는 몸이 가벼워지고 긴장이 풀리며, 호흡이 규칙적으로 안정되는 경향이 있다.

자기 절제력을 높이려면 항상 신체 감각에 주의를 기울이고, 자신의 신체적 반응을 자각하는 연습을 해야 한다. 강렬한 감정에 휩싸일 때, 잠시 멈춰 스스로에게 물어보라. "지금 내 몸에서 어떤 반응이 나타나고 있지?" 또는 "어떤 신체적 감각을 느끼고 있지?" 이런 질문에 호기심을 가지고 접근하며, 자신의 감정 상태와 관련된 신체적 반응을 탐구해 보라.

예시 공부 중 갑자기 집중력이 흐트러지고 흥미가 떨어진다고 느낀다. 문득 공부하던 내용이 지루하게 느껴진다. 이때 잠시 멈추고, 몸의 상태를 점검해 본다. 눈이 피로하고, 온몸이 무겁게 느껴지며, 이마 근육이 긴장되고, 어깨가 뻐근한 것을 알아차린다. 이 과정에서, 자신이 공부에 흥미를 잃거나 게으름을 피우는 것이 아니라 단지 피곤하다는 사실을 깨닫는다. 잠시 휴식을 취한 뒤, 기운을 회복하고 다시 공부에 집중할 수 있게 된다.

3. 감정을 명확히 구분하라.

다양한 감정을 표현할 수 있는 풍부한 어휘를 가지는 것은 감정을 이해하고 조절하는 데 큰 도움이 된다. 감정에 이름을 붙이고 식별하는 능력은 감정을 더 효과적으로 이해하고 다룰 수 있는 강력한 도구가 된다. 앞서 언급한 것처럼, '피곤하다'와 '의욕이 없다'를 구분할 수 있다면, 각각의 문제에 맞는 해결책을 찾는 데 훨씬 더 유리하다.

많은 사람들은 자신이 느끼는 모든 부정적인 감정을 같은 방식으로 진단하며 스스로를 비난하곤 한다. 예를 들어, 자신이 게으르다거나 멍청하다, 의욕이 없다고 단정 짓는다. 하지만 실제로는 복잡하고 다양한 감정 반응을 겪고 있을 가능성이 크며, 그중 일부는 전적으로 타당하고 자연스러운 감정일 수도 있다.

'나는 게으르다'같은 포괄적이고 단순화된 표현에 의존하기보다는, 자신의 감정 어휘를 확장해 보라. 더 섬세하게 감정을 구분하고, 내면의 경험을 깊이 들여다보는 연습을 하자. 참고로, 감정을 잘못 정의하는 것은 종종 자신을 부당하게 판단하는 태도와 연결된다. 따라서 감정을 더 정확하고 중립적으로 표현하려고 노력하면, 스스로를 이해하고 받아들이는 데 훨씬 도움이 된다.

예시 직장에서 당신은 어떤 업무에 부정적으로 반응하는 자신을 발견한다. 처음에는 '그 업무가 재미없거나 의욕이 생기지 않아서' 그렇다고 생각한다. 하지만 잠시 멈춰 진짜 감정을 들여다보면, 단지 그렇게 느낀다고 추정했을 뿐이라는 사실을 깨닫는다. 선입견 없이 감정을 탐구해 보니, 사실은 중압감을 느끼고 있음을 알게 된다.

업무가 지루해서가 아니라 어디서부터 시작해야 할지 몰라 막막하고, 생각만으로도 이미 지치고 번아웃된 상태였던 것이다. 많은 사람들이 흥분을 두려움으로, 무관심을 분노로 착각하곤 한다. '느껴야 한다'고 생각하는 감정에서 벗어나면, 실제로 느끼고 있는 감정이 무엇인지 새롭게 발견할 수 있을 것이다.

4. 수용하라.

감정을 조절한다는 것은 감정을 억누른다는 뜻이 아니다. 감정은 우리가 건강하게 적응하고, 감정적으로 충만한 삶을 살아가는 데 중요한 역할을 한다. 따라서 감정을 자연스럽게 받아들이고, 떠오르고 사라지는 대로 흘려보내는 것이 필요하다. 이를 판단하거나 억지로 바꾸려고 하기보다는 있는 그대로 느끼는 태도가 중요하다. 감정을 다룰 때는 호기심을 가지고 관찰자의 시선으로 바라보자. 하지만 어떤 감정이 지나치게 자신을 압도하려 한다면, 이를 인식하고 주도권을 되찾아 적절히 통제하는 능력을 발휘해야 한다.

예시 새로운 교육 과정을 수강하기 시작했는데, 과제가 너무 어려워 자꾸 미루게 된다. 당신도, 주변 사람들도 "이 과정은 힘들지만 그만큼 의미가 있어. 끝까지 해내야 해. 충분히 할 수 있을 거라고 믿어!"라고 말하고 있을지 모른다. 하지만 이런 말들이 당신의 진짜 감정을 가리고 있을 수도 있다. 사실, 그 과정이 당신의 가치와 맞지 않아서 제대로 시작조차 할 수 없는 건 아닐까? 과제를 하려고 앉을 때마다, 어쩌면 진작에 직업을 바꿨어야 한다는 사실을 외면하고 있다는 생각이 떠오를지도 모른다. 이는 우리가 흔히 간과하는 미루기의 불편한 진실이다. 어떤 일을 끝내지 못하는 이유가 단순한 게으름이 아니라, 깊은 내면에서 그것이 진정 원하는 일이 아니라는 사실을 알고 있기 때문일 수 있다. 이럴 때 필요한 것이 수용이다. 현재의 감정과 상황을 있는 그대로 받아들여야만 자신이 진짜로 이 과정을 '끝까지 밀고 나가야' 하는지, 아니면 완전히 새로운 방향을 고민해야 할지를 분명히 알 수 있다.

SUMMARY

- 행동도 중요하지만, 그 행동을 결정하는 태도와 사고방식이 더욱 중요하다.

- 삶에서 강한 동기, 뛰어난 자기 절제, 그리고 높은 실행력을 보여주는 사람들의 사고방식을 특징짓는 세 가지 요소는 불편함을 받아들이고 이를 극복하는 능력, 심리적 유연성, 감정 조절 능력이다.

- 불편함과 성장은 떼려야 뗄 수 없는 관계이므로 성장하려면 불편함에 익숙해져야 한다. 그러나 삶이 점점 편리해질수록 우리는 불편함을 견디는 힘을 잃어버리는데, 이를 편안함의 잠식이라고 한다. 이를 극복하기 위해서는 의도적으로 불편한 상황을 삶에 도입하는 것이 도움이 된다. 예를 들어, 찬물 샤워를 하거나 강도 높은 운동을 하거나, 일부러 지루한 시간을 견디며 불편함에 익숙해지는 연습을 할 수 있다.

- 심리적 유연성은 변화, 불확실성, 고통 속에서도 자신의 가치관에 따라 지속적으로 행동할 수 있는 능력을 의미한다. 이는 수용전념치료ACT 접근법을 통해 기를 수 있는데, 핵심은 부정적이거나 불편한 감각이 나타나더라도 자신이 가치 있게 여기는 것에 계속 집중하는 것이다.

- ACT 기법에는 감정적 반응을 있는 그대로 받아들이고, 그 경험에서 탈융합되고 분리되며, 현재에 닻을 내리고, 자신의 가치와 연결되고, 관점을 전환하고, 자신만의 방식으로 전념 행동을 선택하는 것 등이 있다.

- 감정 조절의 90초 법칙은 이렇게 설명될 수 있다. "사람이 주변 환경의 무언가에 반응하면 90초 동안 화학적 과정이 일어난다. 그 이후에 지속되는 감정적 반응은 단지 그 사람이 스스로 그 감정 상태에 머물기로 선택한 것일 뿐이다." 따라서 우리는 90초 후의 반응을 선택할 수 있다. 자신의 위험 신호를 파악하고, 감정이 일어날 때 그 감정을 명확히 구분하고, 그것을 수용하라.

PART

3

나태함을 이기는
작지만 강한 습관

★★★★★★★

★★★★★

불편함을 견디는 능력,

심리적 유연성,

감정 조절 능력.

이 세 가지를 삶에서 익히게 되면, 성공적인 삶을 사는 사람들이 알고 있는 중요한 비밀을 깨닫게 될 것이다. 바로 마음을 통제하여 내 편으로 활용할 수 있다는 사실이다. 더 이상 마음에 휘둘리거나, 마음이 자신을 방해하지 않도록 애쓰는 데 그치지 않고, 오히려 마음을 자신을 위한 강력한 도구로 사용할 수 있다.

더욱 놀라운 점은 이 가능성이, 지금 당신이 어떤 상황에 있든, 누구에게나 열려있다는 것이다. 오늘 어떤 일이 있었든, 내일 아침 눈을 뜨는 순간부터 마음을 도구로 삼아 원하는 삶을 만들어가는 선택을 할 수 있다. 지금 이 순간 무슨 일이 벌어지고 있든, 자신의 경험을 어떻게 받아들이고, 어떤 행동을 할지는 결국 당신이 결정할 수 있다.

지금까지 자기 절제가 부족한 삶이 어떤 모습인지, 그리고 자기 절제 사고방식의 세 가지 핵심 요소가 무엇인지 자세히 살펴보았다. 이제 당신이 이 책을 찾게 된 가장 큰 이유인 미루기로 넘어가 보자. 우리는 이제 이 자기 절제 사고방식을 실제 생활에서 꾸준히 실천 가능한 행동, 즉 습관으로 만들어 내는 방법을 탐구할 것이다.

미루기의 파멸 고리

미루기에 관해서라면 두 가지가 사실인 것 같다. 누구나 미루지 않는 법에 대한 나름의 이론은 가지고 있지만, 정작 모두가 미루고 있다는 점이다! 데릭 톰슨^{Derek Thompson}이 〈애틀랜틱^{The Atlantic}〉에 쓴 기사에 따르면, 미루기는 시간 관리 능력보다 감정과 더 깊은 관련이 있다. 그래서 미루는 습관을 고치려면 단순히 계획을 잘 세우는 것이 아니라 심리적인 접근이 필요하다. 여기서 중요한 통찰은, 자기 절제가 잘 짜인 일정표나 아침 루틴 같은 외적인 체계가 아니라, 그런 습관과 행동을 가능하게 하는 사고방식에 달려 있다는 것이다. 드폴대학교 DePaul University의 심리학 교수 조셉 페라리^{Joseph Ferrari}는, 만성적인 미루기 습관을 지닌 사람에게 "그냥 해!"라고 말하는 것은 임상적으로 우울한 사람에게 "기운 내!"라고 말하는 것과 같다고 지적한다. 그의 연구 결과에 따르면, 미루기의 주요 원인은 다음의 두 가지로 요약된다.

- 사람들은 현재 기분이 일을 완수하기에 적절하지 않다고 느껴서 행동을 미룬다.
- 사람들은 곧 기분이 나아질 것이라고 믿는다.

이 두 가지 원인에서 앞서 이야기했던 몇 가지 개념이 떠오를 것이다. 바로 경험 회피, 편안함 추구, 고정 마인드셋, 그리고 현재 순간과 자신이 처한 상황을 있는 그대로 받아들이지 못하는 태도다. 페라리는 위의 두 가지 요인을 '미루기의 파멸 고리Procrastination Doom Loop'라고 부른다. 그 고리가 어떻게 작동하는지 쉽게 짐작할 수 있을 것이다.

1. 중요한 일을 미룬다.
2. 죄책감이나 수치심, 불안감을 느낀다.
3. 이러한 불안감이 일을 시작하는 데 필요한 감정적, 인지적 에너지를 더더욱 빼앗아 간다. (왜냐하면 일을 시작하려면 '적절한 기분'이어야 한다고 믿기 때문이다.)
4. 일을 계속 미룬다.
5. 죄책감, 수치심, 불안감이 점점 더 커진다.
6. …이 과정을 몇 번 반복한 뒤

7. 파멸DOOM에 이른다.

이렇게 순식간에 미루기의 악순환에 빠지게 된다. 우리가 미루기의 고리에 빠지는 원인에 대한 흥미로운 이론들이 많이 있지만, 정작 중요한 것은 이 고리가 어떻게 지속되는지를 파악하는 것이다. 다시 말해, <u>악순환에는 명확한 시작점이 없다!</u>

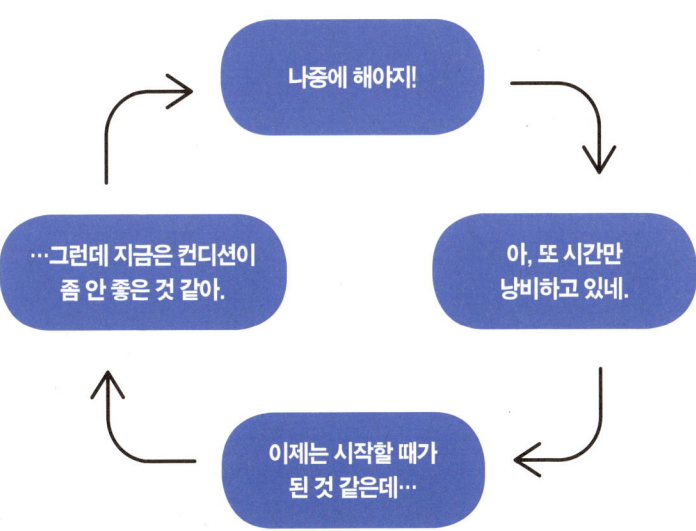

미루기는 일반적으로 생각하는 것보다 훨씬 더 복잡한 현상이다. 이는 단순히 시간 관리 능력 부족이나 게으름의 문제가 아니라, 부정적인 감정, 혹은 그 감정에 대한 우리의 반응에 의해 증폭되고 지속된다. 따라서 미루기를 효과적으로 극복하려면 이러한 감정이 미치는 영향을 인식하는 것이 매우 중요하다. 닐 피오레Neil Fiore는 《내 시간 우선 생활습관The Now Habit》의 저자로, 사람들이 일을 미루는 세 가지 이유를 제시한다.

완벽주의

스스로에게 비현실적으로 높은 기준을 내세우는 것은 일을 시작하기 어렵게 만든다. 이러한 기준은 외부의 영향을 받을 때가 많으며, 그로 인해 실패에 대한 두려움이 커지고 부정적인 자기 대화가 이어지면서 불안이 증폭된다. 결국, 이런 불안이 미루기를 더욱 부추기게 된다. 이는 고정 마인드셋, 즉 '모 아니면 도'식 사고로 이어질 수 있다. 완벽하게 해내지 못하면 실패로 여기며, 실패는 절대 용납할 수 없다고 믿는 것이다. 이런 상황에서 선택할 수 있는 유일한 대안은? 아예 아무것도 하지 않는 것이다.

성공에 대한 두려움

미루기는 성공에 대한 두려움에서 비롯되기도 한다. 성공했을 때 사람들과의 관계가 어색해지거나 갈등이 생길 수 있다는 걱정, 삶이 크게 바뀔지도 모른다는 불안감, 혹은 주변 사람들의 기대치가 높아질 것이라는 두려움이 일을 회피하게 만든다. '만약 내가 일을 잘 해낸다면, 그 즉시 주변에서 나에게 더 많은 것을 요구하지 않을까?' 이런 걱정이 든다면, 차라리 잘하지 않는 것이 더 나은 선택처럼 느껴질 수 있다.

좌절감과 무력감

미루기는 자신이 무력하다고 느끼는 상황에서 통제권을 되찾으려는 방식일 수 있다. 또한, 열심히 일해봐야 결국 더 많은 일을 하게 될 뿐이라는 내면화된 믿음 때문에, 일을 시작하는 대신 회피하려는 반응으로 나타날 수도 있다.

더럼대학교University of Durham의 푸시아 시로이스Fuschia Sirois

교수는 미루기가 단순히 시간 관리의 문제가 아니라 감정 관리의 문제라고 강조한다. "미루기는 본질적으로 기분과 감정을 제대로 관리하지 못하는 데서 비롯됩니다. 많은 사람들이 미루기를 충동적이거나 자기 통제가 부족한 탓으로 여기는데, 실제로 이러한 요소도 어느 정도 영향을 미치지만, 그 근본적인 원인은 부정적인 감정 반응에 있습니다."

시로이스 교수는 미루기가 잘못된 시간적 사고에서 비롯된다는 점도 설명한다. 기본적으로 우리는 미래의 자신이 현재의 자신과는 매우 다를 것이라고 상상하는 경향이 있다. 실제로 MRI 스캔을 이용한 연구에 따르면, 우리가 미래의 자신을 생각할 때 활성화되는 뇌 영역은 낯선 사람을 생각할 때 활성화되는 영역과 동일하다! 시로이스는 이렇게 말한다.

"이 사실이 중요한 이유는, 미래의 자신을 이렇게 인식할 경우, 그에게 부담을 떠넘기거나 해가 될 행동을 하기가 더 쉬워지기 때문입니다. 예를 들어, 지금 해야 할 일을 미래의 자신에게 미루는 것이죠. 미래의 자신이 현재의 나와 심리적으로 멀게 느껴지면, 그를 마치 슈퍼히어로처럼 이상적으로 생각할 수도 있습니다. 그래서 우리는 '미래의 나는 충분히 쉬었을 테니 아이디어를 많이 떠올릴 수 있을 거야.' 혹은 '미래의 나는 슬럼프 같은 건 겪지 않을 거야.'라고 생각합니다. 하지만 진실은, 우리가 단기간에 크게 달라지지 않는다는 것입니다."

그렇다면 피오레, 페라리, 시로이스 중 누가 옳을까? 아마도 미루기에 관한 모든 이론이 결국 같은 맥락에서 변형된 것임을 깨닫기 시작했을 것이다. 미루기가 당신의 삶에서 어떻게 나타날지는 정확히 예측하기 어렵지만, 여기서 설명한 메커니즘을 분명히 발견할 수 있을 것이다. 예를 들어, 미루기는 다음과 같은 방식으로 나타날 수 있다.

해야 할 일이 생겼다. 예를 들어, 세금 신고 같은 일이다. 그런데 시작도 하기 전에 이 일이 점점 부담스럽고 벅찬 과제로 느껴지기 시작한다. 두려움, 피로감, 저항감 같은 부정적인 감정이 이미 이 일에 덧씌워진다('반감'). 그리고 이런 생각이 떠오른다. '이건 너무 복잡하고 중요한 일이니, 완벽하게 해야 해.' 작년에 세금 신고를 엉망으로 했던 기억이 떠오르면서, 이번에도 실수하면 큰일이 날 거라는 불안이 커진다. 그래서 이번엔 어떻게든 완벽하게 해내야 한다고 다짐한다. 자리에 앉아 그동안 마음속에서 '지옥 같은 과제'로 여겨온 이 일을 시작하려 한다. 그런데 놀랍게도 그런 일을 하고 싶은 마음이 전혀 들지 않는다. 그렇게 중요한 일을 해내기에는 에너지나 집중력이 턱없이 부족함을 느낀다. "이건 세금 신고야! 실수하면 안 돼!"라는 압박감이 머리를 떠나지 않는다. 그러면서 실수로 인한 최악의 상황을 상상하기 시작한다. 세무 감사는 물론 벌금을 물거나, 심지어 세금 사기로 감옥에 갈 수도 있다는 생각이 꼬리를 문다.

너무 기분이 안 좋아서 도저히 이 일을 해낼 수 없을 것 같다. 머릿속은 온통 혼란스럽고, 모든 계획이 틀어졌다고 생각한다. '오늘은 너무 힘드니까 내일 하자. 내일은 지금처럼 스트레스를 받지도 않고 기분도 더 좋아질 테니까, 그렇지?'라고 스스로를 설득한다. '세금 신고는 한 시간 정도면 끝날 일이니, 내일 한 시간 정도는 충분히 낼 수 있을 거야.'

하지만 다음 날이 되어 일을 시작하려고 자리에 앉으면

여전히 '적절한 기분'이 들지 않는다. 사실 상황은 더 나빠졌다. 일은 여전히 끝나지 않았고, 마감일은 하루 더 가까워졌기 때문이다. 이런 과정이 반복되다가 결국 마지막 단계, 즉 '파멸'에 이른다. 마감일 전날 밤늦게까지 잠도 못 자고 세금 신고를 마무리하려고 허둥지둥하게 된다. 그리고 스스로에게 다시 한 번 이 과제는 너무 벅차고 힘든 일이라고 학습시킨다. 이 밤의 기억은 내년 이맘때 또다시 떠오를 것이다.

위 사례를 보면 지금까지 살펴본 미루기에 관한 모든 이론이 조금씩 반영되어 있음을 알 수 있다. 그렇다면 이 악순환을 완전히 끊어내는 방법은 무엇일까? 미루기는 복잡하게 느껴질 수 있지만, 이를 멈추고 이 끝없이 도는 회전목마에서 내려올 수 있는 방법은 생각보다 많고 다양하다.

스스로를 다독여라.

미루는 사람들, 특히 만성적인 미루기 습관을 지닌 사람들은 일을 하기 전이나 끝낸 후에 스스로에게 지나치게 가혹한 경우가 많다. 자기비판에서 한 걸음 물러나 누구나 실수도

하고 미루기도 한다는 사실을 받아들이는 게 중요하다. 작은 실수를 저질렀다고 해서 자신을 질책하며 악순환에 빠지기보다는, 스스로를 용서하고 앞으로 나아가는 것이 중요하다.

미루기는 누구나 겪는 보편적인 경험일 뿐, 결코 세상이 끝나는 일이 아니다. 스스로에게 조금 더 너그러워지고, 자기비판의 악순환에 빠지지 않으며 다시 일에 집중하는 것이 중요하다. 여기에서 핵심은 수용이다. 지금 기분이 안 좋을 수도 있지만, 그것도 괜찮다. 중요한 것은 이 감정에 휘말려 미루기의 악순환에 빠지거나, 자신이 아무것도 할 수 없다는 생각에 갇히지 않는 것이다.

생각을 재구성하라.

관점을 바꿔 목표와 가치에 집중하라. 감정이 아니라, 자신이 이루고자 하는 것에 초점을 맞추는 것이다(ACT에서처럼). 일을 부담스러운 것으로, 부정적으로 보기보다는 의미 있고 가치 있는 것으로, 혹은 의미 있고 가치 있는 무언가에 더 가까이 다가가는 과정으로 새롭게 바라보라. 성공, 실패, 완벽함에 대한 당신의 생각을 재구성하라. 예를 들어, 실패를 배움으로, 완벽주의를 회피로, 어려운 도전을 단순히 게임이나 재미있는 퍼즐로 다시 정의할 수 있다.

스스로에게 물어보라.

- 이 목표를 완수하면 내가 나 자신을 바라보는 관점에 어떤 긍정적인 영향을 줄 수 있을까?
- 이 목표를 완수하면 다른 사람들이 나를 보는 시각에 어떤 긍정적인 변화를 가져올 수 있을까?
- 이 목표를 완수하면 나의 개인적 성장에 어떤 의미 있는 발전을 이룰 수 있을까?

작은 걸음부터 시작하라.

지금 이 순간, 설사 기분이 내키지 않더라도, 비록 아주 작은 것이라도 행동으로 옮겨라.

중요한 사실은, 미래에 다른 사람이 되기 위해서는 지금 이 순간 행동해야 한다는 점이다. 언젠가 더 나은 마음 상태가 저절로 찾아올 것이라 기대하지 말라. 대신, 지금 느끼는 감정(두려움, 지루함, 나태함 등)을 있는 그대로 받아들이고, 그런 감정이 계속될 것이라고 가정하라. 그렇다면 선택지는 하나뿐이다. 감정과 관계없이 행동을 시작하는 것이다.

다만, 자신에게 과도한 부담을 주지 말라. 반드시 큰 변화를 이끄는 행동이어야 할 필요는 없다. 단지 지금의 멈춰 있는 상태를 벗어날 만큼의 작은 한 걸음이면 충분하다. 중요한 것은, 기분과 상관없이 행동할 수 있다는 사실을 스스로에게 계속 상기시키는 것이다. 비결은 동기가 행동을 이끄는 것이 아니라, 행동이 동기를 만든다는 것이다. 만약 지금 동기가 전혀 없다면, 누군가가 와서 당신을 움직여 주기를 기다리지 말라. 대신, 기분이 내키지 않더라도 행동을 시작하라. 그러고 나면 행동한 후에 조금 더 의욕이 생긴 것을 느낄 수 있을 것이다. 그런 의욕을 바탕으로 다음 걸음을 내딛어라. 그리고 또다시 그다음 걸음을, 그렇게 한 걸음씩 앞으로 나아가라.

손전등 찾기

《주의력 연습Peak Mind: Find Your Focus, Own Your Attention, Invest 12 Minutes a Day》의 저자 아미시 자Amisha Jha에 따르면, 우리의 주의력은 크게 세 가지 모드로 작동한다.

1. 손전등(방향설정 시스템)
2. 경고 신호(경보 시스템)
3. 저글러(집행 기능)

손전등

주의력이 마치 손전등처럼 특정 대상에 초점을 맞추어 정보를 수집한다. 외부적으로는 시각, 청각, 후각 등 감각적 자극에 반응하거나, 내부적으로는 생각, 경험, 기억과 같은 요소에 집중할 수 있다. 어두운 곳에서 손전등이 특정 영역만 비추듯이, 주의력도 현실의 특정 부분에만 선택적으로 집중한다.

손전등 불빛의 초점과 강도는 우리의 지각, 편견, 판단, 행동, 효율성, 행복감에 영향을 미친다. 따라서 부정적인 생각에 사로잡히지 않으려면 손전등의 빛을 스스로 통제할 수 있어야 한다. 예를 들어, ACT 기법이 효과적인 이유는 손전등 빛을 부정적인 감정(또는 이를 회피하려는 시도)에서 우리의 가치와 목표로 옮겨오기 때문이다. 마찬가지로, 소림의 수도승들이 제안하는 감각적 욕망의 극복은 손전등 빛을 현재의 일시적인 쾌락에서 그것이 미래에 미칠 영향으로 옮겨야 가능하다.

경고 신호

주의력이 이 모드에 있을 때는 경고 또는 경보 시스템처럼 작동한다. 잠재적인 위험과 위협을 감지할 수 있도록 폭넓게 열려있다. 이 모드는 주변 환경을 탐색하며 위험 요소를 찾아내는 데 유리하며, 수천 년 동안 인류가 생존하는 데 중요한 역할을 해왔다.

하지만 이 상태에 너무 오래 머물면 산만함, 불안감, 과도

한 경계심으로 이어질 수 있다. 실제로 위협이 없는 상황에서도 계속해서 위협을 찾으려 하고, 심지어 존재하지 않는 위협을 상상하거나 만들어내기 시작할 수도 있다. 이러한 경고 신호 상태가 지속적으로 활성화되면 피로, 기능 장애, 불안 장애, 외상 후 스트레스 장애PTSD로 이어질 수 있다. 이는 이 주의력 상태가 우리의 생리 및 투쟁-도피 반응과 밀접하게 연결되어 있기 때문이다. 우리는 스트레스를 받을 때 시상하부-뇌하수체-부신HPA 축이 활성화되며, 이는 일련의 신체 반응을 촉발한다. 이러한 반응은 생명을 구하기 위한 즉각적인 행동을 준비하도록 설계된 것이며, 만성적으로 지속되기 위한 것은 아니다.

저글러

이 주의력 모드는 여러 과제를 동시에 처리하는 저글러와 같다. 마치 기업의 목표에 맞춰 여러 업무를 조율하는 회사 임원처럼, 우리의 주의력도 중요한 모든 일을 능숙하게 저글링해야 한다. 하지만 이 모드가 제대로 작동하지 않을 때, 예를 들어 주의력 결핍 과잉 행동 장애ADHD와 같은 경우에는 집중력을 유지하거나 여러 과제를 효과적으로 처리하는 데 어려움을 겪게 된다. 또한 동시에 처리해야 할 일이 너무 많다고 느낄 경우, 견디기 어려운 압박감이나 극도의 피로감을 느낄 수 있다. 또는 저글러가 공을 떨어뜨리듯, 처리해야 할 과제들 중 일부를 놓치게 될 수도 있다. 자신이 어떻게 주의를 기울이고 있는지에 주의를 기울이는 것은 자기 극복의 핵심 요소이다. 이는 자연스러운 논리다. 자신이 무엇을 하고 있는지 알아야만 더 잘할 수 있다. 이를 위해서는 단순히 경험의 내용에 집중하는 것만으로는 부족하며, 그 경험에 주의를 기울이는 방식에도 주의를 기울여야 한다.

집중력을 높이는 방법

집중력을 높이기 위한 첫 번째 단계는 주의력 손전등이 현재 해야 할 일에서 벗어났을 때 알아차리는 능력을 기르는 것이다. 이때의 일은 당신이 이미 선택하고 우선순위로 정한 중요한 과제다. 이를 위한 연습은 주의가 산만해질 때마다 반복적으로 주의를 목표 대상으로 되돌리는 것이다. 이 과정을 강아지를 훈련시키는 것처럼 생각해보자. 일관성 있고 명확하게 가르치되, 스스로에게 지나치게 엄격하거나 가혹하지 않아야 한다. 만약 집중이 흐트러진 것을 깨닫게 되더라도, 자책하거나 불필요한 생각에 빠지지 말고, 단순히 다시 연습을 시작하면 된다. 주의가 흐트러지는 것을 실패로 여기기보다는, 다시 집중할 기회로 받아들이는 것이 중요하다.

이 연습을 계속하다 보면, 주의가 목표에서 벗어나는 초기 단계에 이를 더 빠르게 알아차릴 수 있게 된다. 이를 통해 더 쉽게 주의를 되돌릴 수 있을 것이다. 집중력이 향상되면 시간을 덜 낭비하게 되고, 기분이 가라앉거나 스트레스가 급증하는 일이 덜 생기며, 중요한 일을 앞둔 상황에서도 걱정을 덜 하게 될 것이다.

흥미롭게도, 마음이 산만해졌을 때 이를 알아차리는 능력이 향상되면, 공원에서 강아지의 목줄을 풀어주듯 마음을 자유롭게 놓아두는 것이 유익한 시점을 스스로 판단할 수 있게 된다. 그렇게 하면 창의적인 아이디어가 떠오르거나, 마음의 여유가 생기며, 새로운 에너지를 얻을 수 있다. 중요한 점은 어떤 방식이든 지금 무슨 일이 일어나고 있는지 항상 인식하고, 필요할 때 원하는 대로 집중력을 전환할 수 있어야 한다는 것이다.

집중력을 기르기 위해, 가장 기본적인 마음챙김 연습인 호흡 알아차리기부터 시작하라. 자신의 호흡에 주의를 집중하고, 마음이 다른 곳으로 산만해지면 부드럽게 다시 호흡으로 주의를 되돌리는 연습이다. 이 단순해 보이는 연습은 사실, 주의력의 세 가지 주요 시스템인 집중, 인지, 전환을 모두 자극하는 효과적인 인지 훈련 방법이다. 이를 꾸준히 연습하면 집중을 지속하는 능력이 강화되고, 전반적인 주의력 기술이 향상될 수 있다.

이 연습을 지속하다 보면 흥미로운 변화가 일어난다. 산만함이나 마음의 방황을 순간적으로 떠오르는 감정이나 불편한 신체 감각과 비슷한 방식으로 인식하게 된다. 예를 들어, 순간적인 분노나 불편함이 당신을 그 경험과 하나로 융합시켜 그 안에 갇히게 만들 수 있듯, 산만함도 같은 방식으로 작용할 수 있다. 하지만 이 연습을 통해 산만함이 나타나는 순간을 알아차리고, 그것에 휘말리지 않기로 선택하는 방법을 배우게 된다. 즉, 계속해서 본래의 작업에 주의를 기울일 수 있는 능력을 기르게 되는 것이다.

자신의 감정을 수용하고 용인하는 것이 여기에서 핵심이다. 마음이 산만해졌다고 해서 자신을 비난하거나 판단할 필요는 없다("또 산만해졌네, 바보 같으니!"). 그러면 90초가 연장될 뿐이다. 대신 산만함을 있는 그대로 바라보라—산만함은 단지 산만함일 뿐이다. 어떤 생각이 떠올랐다고 해서 반드시 그 생각을 따라가야 하거나 그것에 휘둘려야 하는 것은 아니다.

마찬가지로, 무언가가 주의를 끌었다고 해서 반드시 그 주의가 거기에 머물러야 하는 것도 아니다. 당신의 주의를 흐트러뜨리는 생각과 요구를 버스 정류장을 지나가는 버스에 빗대어 생각해보라. 정류장에는 수많은 버스가 지나가며 그 버스들은 각기 다른 방향으로 향할 것이다. 하지만 버스가 지나간다고 해서 반드시 모든 버스에 올라탈 필요는 없다. 당신이 가고자 하는 방향과 맞지 않는 버스라면, 그냥 지나가게 두면 된다. 한편, 버스에 올라탄 뒤에는 도로 위 수많은 차량이 각기 다른 길로 향하는 것을 편안하게 받아들여라. 다른 차량을 밀어내려고 하거나 판단할 필요는 없다. 그들에게는 그들만의 길이 있고, 당신에게는 당신만의 길이 있다. 그저 그들을 바라보고, 다시 당신이 하던 일로 돌아오면 된다.

일상에서의 연습: 손전등 불빛 찾기

이 연습은 손전등을 새로 만들어내는 것이 아니다. 이미 당신은 손전등을 가지고 있고, 그것은 언제나 어딘가에 초점을 맞추고 있기 때문이다. 이 연습의 진짜 목적은 손전등이 어디에 초점을 맞추고 있는지 알아차리는 능력을 기르고, 시간이 지나면서 점차 그 빛을 원하는 곳에 비추는 법을 배우는 것이다.

명상이나 마음챙김 연습은 각기 다른 방식으로 이 기술을 익히도록 돕는다. 하지만 꼭 정식 명상을 해야만 주의력을 통제하고 능숙하게 다루는 방법을 배울 수 있는 것이 아니다. 사실, 이 기술이 점점 더 향상될수록 어딘가에 앉아 일부러 일상과 분리된 활동에 집중할 필요성은 점점 줄어들게 될 것이다. 주의력 손전등을 다루는 데 있어 핵심은, 짧은 순간의 인식을 자주 연습하는 것이다.

다음은 이 기술을 처음 익히는 단계에서 시도해 볼 수 있는 간단한 연습이다. 하지만 이 연습을 완벽하게 해내는 것이 목표는 아니다. 진정한 목표는 이 상태를 내면화하여 삶의 다른 영역에서도 저절로 자연스럽게 나타나도록 만드는 것이다.

준비…

똑바로 앉아 단정한 자세를 유지한다. 편안하지만 지나치게 이완되어 졸리거나 멍해지지 않도록 한다. '긴장된' 자세가 아니라 '똑바른' 자세를 떠올린다. 등을 곧게 펴고 어깨를 뒤로 젖히며 가슴을 편안하게 열어 품위와 당당함이 느껴지는 자연스러운 자세를 취한다. 몸에서 표현되는 지배와 균형이 어떤 느낌인지 실제로 느껴본다.

손은 몸 옆이나 허벅지 위에 자연스럽게 둔다. 눈은 감거나 시선을 아래로 두어 앞쪽 중간 지점을 편안하게 바라본다. 이제 호흡을 시작한다. 잠시 동안 호흡을 따라간다. 여기서 중요한 점은 호흡을 단순히 따라가는 것이다. 호흡을 바꾸거나 멈추려 하거나, 편안한 명상 호흡을 만들어내려 하지 않는다. 마치 의식이 호흡과 연결되어, 숨이 들어오고 나가는 것을 고요히 지켜보고 있다고 상상한다.

집중…

이 경험을 더 깊이 느끼기 위해 호흡과 관련된 감각에 주의를 기울인다. 코로 들어오고 나가는 공기의 시원한 느낌, 폐가 가슴을 채우는 느낌, 배가 부드럽게 안팎으로 움직이는 느낌 등 알아차리는 모든 감각에 집중한다. 당신의 오감은 이 순간 당신을 고정시켜 주는 닻이 된다. 할 일도, 갈 곳도, 생각할 것도 없는 상태의 마음가짐을 유지한다. 평온히 쉴 때 몸이 만들어내는 작은 움직임들을 느끼며 그 순간에 머문다.

다음으로, 호흡과 관련된 감각 중 가장 두드러지게 느껴지는 신체 부위를 하나 선택한다. 이제 그 부위에 주의를 집중하고, 그 상태를 유지한다. 마치 손전등의 강한 빛을 그곳에 비추듯 의식을 집중하지만, 이 빛은 강렬하고 불편한 심문용 조명이 아니며, 무대 위를 밝히는 스포트라이트도 아니다. 당신은 의식을 집중하는 그 감각에 대해 판단하거나 평가하거나 의미를 부여하지 않는다. 단지 그 감각에 의식의 빛을 비출 뿐이다.

시작!

이제 본격적인 연습이 시작된다. 거의 즉시, 손전등의 빛이 약해지고 흔들리며 다른 곳으로 흩어지는 것을 알아차리게 될 것이다. 이것은 전혀 이상한 일이 아니다. 잘못된 것이 아니라, 뇌가 본래 작동하는 방식일 뿐이다. 우리가 할 일은 그것을 알아차리고 손전등을 원래 비추던 곳으로 부드럽게 기울이는 것이다. 그것으로 충분하다.

이 연습의 본질은 주의력을 얼마나 완벽하게 유지하느냐에 있지 않다. 오히려, 주의가 흐트러질 때마다 그것을 다시 되돌리는 과정에 있다. 이렇게 생각해 보자. 헬스장에서 근육은 중력을 거스르며 반복적으로 운동기구를 들어 올릴 때 단련된다. 기구를 한 번 들어 올려서 그대로 유지하는 것이 목표가 아니다. 주의력 '훈련'도 같은 방식으로 이루어진다. 주의가 흐트러질 때마다 다시 초점을 맞추는 행위는 실패가 아니다. 오히려 그것은 '반복 훈련' 중 한 번의 과정을 완수하는 것이다. 이를 통해 당신은 그 기술을 점차 익히게 되고, 다음에는 더 쉽게, 더 자연스럽게 초점을 되돌릴 수 있다.

연습을 하다 보면 주의를 분산시키는 다양한 방해 요소들을 알아차릴 수 있을 것이다.

- 과거의 기억과 그것이 촉발하는 일련의 생각들, 도미노처럼 연달아 떠오르는 흐름
- 갑작스러운 신체 감각 - 배에서 나는 꼬르륵 소리나 가려움
- 외부의 소음, 냄새 등
- 해야 할 일이나 내일 일어날 일에 대한 걱정과 반복적인 생각
- 판단 - 예를 들어, '이거 지루하네.' 또는 '나는 이 연습에 소질이 없네.'라는 생각
- 분석과 평가 - 예를 들어, 연습의 이론적 배경을 분석하거나, 세부 사항을 지나치게 따지며 실행보다는 분석에 몰두하는 태도

사실, 뇌는 매 순간 수천 가지의 방해 요소를 만들어내 주의를 다른 곳으로 돌릴 수 있다. 하지만 그것은 중요하지 않다. 어떤 방해 요소도 큰 문제가 되지 않는다. 그런 생각들을 따라가거나 판단하려고 할 필요가 없다(그런 행위 자체가 또 다른 방해 요소가 되기 때문이다). 마찬가지로, 주의가 흐트러질 때마다

스스로를 비난할 필요도 없다(이런 행동 역시 집중을 더 흐트러뜨릴 뿐이다).

그저 손전등을 원래 비추던 곳으로 부드럽게 되돌린다고 생각하라. 주의가 오랜 시간 동안 다른 곳으로 흩어져 있었더라도 상관없다. 중요한 것은 다시 돌아오는 것이다. 어떤 사람들에게는 신체 부위보다 단어 또는 소리에 집중하는 것이 더 쉬울 수 있다. 자신에게 맞는 방법을 실험해 보되, 여러 기술을 이리저리 바꿔가며 시도하는 것은 좋지 않다. 처음에는 어떤 초점 대상이든 쉽지 않겠지만, 그것이 바로 이 연습의 핵심이다. 이 과정이 쉬워지지는 않겠지만, 당신이 점점 더 능숙해질 것이다.

집중력의 화살 모델

물론, 집중력과 주의력이 실제로 손전등인 것은 아니다. 그것은 단지 이해를 돕기 위한 비유일 뿐이다. 이번에는 집중력을 화살에 비유하는 방법을 소개한다. 이 비유는 동기 부여, 주의력, 집중력과 관련된 신경화학적 과정을 이해하는 데 유용할 수 있다. 이 비유에서 화살은 두 가지 주요 요소로 구성된다. 바로 화살대와 화살촉이다.

화살대는 에피네프린(아드레날린)을 상징한다. 에피네프린은 에너지와 경각심을 높여 집중할 준비를 돕지만, 집중력을 직접적으로 높이지는 않는다. 즉, 에피네프린은 집중에 꼭 필요하지만 이것만으로는 충분하지 않다.

화살촉은 아세틸콜린을 상징한다. 아세틸콜린은 특정 뉴런을 활성화하여 집중력을 하나의 특정한 지점으로 명확히 겨냥하게 한다. 아세틸콜린은 집중력과 주의력을 실제로 끌어내는 핵심적인 역할을 한다.

이제, 이 집중을 지속하려면 도파민이 필요하다. 도파민은 쉽게 말해 '동기 부여 분자'로 이해할 수 있다. 화살 비유에서 도파민은 화살촉과 화살대를 연결하고 고정시키는 역할을 한다. 물론, 이 비유는 우리가 손전등 연습에서 탐구했던 생리학적 과정을 매우 단순화한 모델이다. 하지만 우리가 "집중이 안 돼." 또는 "동기 부여가 안 돼."라고 말할 때, 그 배경에서 무슨 일이 일어나는지를 시각화하는 데는 여전히 유용하다.

집중력을 효과적으로 유지하기 위해서는 아세틸콜린, 에피네프린, 도파민의 조화로운 조합이 필요하다. 이 세 가지 요소가 함께 작용할 때, 충분한 에너지를 얻고, 집중할 수 있으며, 지속적인 동기 부여를 통해 목표를 설정하고 달성할 수 있다. 또한, 정신적 자원을 장기간 유지하여 주어진 정보를 효과적으로 처리하고, 우리의 삶을 더 잘 통제할 수 있게 된다.

에피네프린이 없으면 우리는 무기력해진다. 마치 화살대가 없는 화살처럼 목표가 아무리 명확해도 그것을 추진하거나 밀어줄 힘이 부족하다. 아세틸콜린이 없으면 우리의 주의력은 분산되고 효과적이지 못한 상태가 된다. 화살촉이 없는 화살과도 같다. 새로운 일에 에너지와 동기를 가지고 뛰어들 수 있지만, 그 에너지가 하나의 목표에 집중되지 않는다면 결국 흩어져 버리고 만다. 도파민이 없으면 우리는 꾸준함과 절제력을 잃는다. 마치 완벽한 화살이지만 몇 분 만에 부서져 버리는 것과 같다. 무언가를 시작할 초기의 불꽃은 있을지 몰라도, 동기를 오래 유지하지 못해 결국 해야 할 일을 끝내지 못한다.

그렇다면, 이 복잡한 비유의 요점은 무엇일까? 결국, 자신의 화살이 어디에서, 왜 실패하고 있는지를 정확히 이해하면, 문제를 해결하기 위한 적절한 조치를 취할 수 있다(솔직히 말하자면, 세 가지 요소 모두가 부족한 경우일 수도 있다!). 주의력을 향상시키기 위해 우리가 취할 수 있는 접근법은 세 가지로 나뉜다. 이제 하나씩 살펴보자.

전략1 에피네프린 수치를 높여라.

에피네프린은 에너지와 각성 상태를 유지하는 데 중요한 역할을 한다. 만약 추진력, 활력, 동기가 부족하다면, 에피네프린 수치를 높이기 위한 조치를 취할 필요가 있다. 뇌에서 이 필수적인 신경전달물질이 분비되도록 하려면, 자연스럽게 아드레날린을 증가시키는 활동을 하면 된다. 예를 들어, 커피를 마시는 것도 좋은 방법이다.

하지만 몇 가지 유의해야 할 점이 있다. 카페인은 아데노신과 에피네프린 시스템을 활성화하여 각성과 집중력을 높이는 효과가 있다. 적정량의 카페인을 섭취하면 정신적, 신체적 집중력이 향상될 수 있다. 일반적으로 200~400mg 정도, 즉 일반 커피 두 잔에 해당하는 양이 적당하지만, 이는 커피의 추출 방식에 따라 상당히 달라질 수 있다.

자신에게 맞는 카페인 섭취량을 찾아라(사람마다 카페인에 대한 내성이 다르다). 하지만 아침에 일어나서 첫 90~120분 동안은 커피를 마시지 않는 것이 좋다. 이 시간 동안 신체는 자연적으로 각성 호르몬을 분비하여 잠에서 깨어나도록 돕기 때문에, 여기에 카페인을 더하면 과도한 자극이 발생해 오히려 역효과를 낼 수 있다. 카페인은 또한 뇌의 도파민 수용체 밀도와 효율성을 높이는 역할을 하므로, 단순한 각성 효과 이상의 기능을 한다.

마지막으로, 이미 알고 있겠지만 오후 4시 이후에는 커피를 마시지 않는 것이 좋다. 이는 수면의 질을 떨어뜨리고 잠드는 시간을 지연시킬 수 있기 때문이다. 카페인을 과도하게 섭취하면 시간이 지나면서 신경 화학 작용에 해를 끼칠 수 있으니 적당히 섭취하는 것이 중요하다. 하루에 커피를 석 잔 이상 마시는 일은 피해야 하며, 만약 더 마시고 싶다면 다음날 오전으로 미루는 것이 좋다.

스탠퍼드 의대 신경생물학 및 안과학 교수인 앤드루 휴버먼Andrew Huberman 박사는 신경 건강과 최적의 뇌 성능을 연구하고 있다. 그는 '스트레스 자체가 집중력과 주의력을 높이는 데 도움이 될 수 있다'고 말하며, 이는 스트레스가 에피네프린 분비를 자극하기 때문이라고 설명한다. 어떤 일을 해야 할 때 열정과 에너지가 솟아나는 기분이 드는 것은 바로 에피네프린이 활력을 제공하고 있기 때문이다. 많은 사람들이 스트레스를 부정적인 것으로 여기지만, 단기적인 스트레스는 면역 체계를 강화하고 문제 해결 능력을 높이며, 창의적이고 영감을 주는 사고를 촉진하는 데 도움이 된다.

이러한 '건강한 스트레스'를 활용하려면 스스로에게 도전 의식을 심어주는 것이 중요하다. 약간의 불편함을 도전 과제로 여기는 태도가 도움이 된다. 상황을 게임처럼 만들어 스스로를 독려하며 한 걸음 더 나아가 보자. 목표를 설정하고 기한을 정해보는 것도 좋은 방법이다. 자신에게 너무 관대해지지 말고 약간의 긴장감을 유지해 보자. 예를 들어, 1~5분 정도 찬물 샤워를 시도해 볼 수 있다. 이 방법은 에피네프린과 도파민 분비를 동시에 촉진해, 샤워 후엔 분명히 정신이 맑아지고 상쾌해질 것이다.

물론, 스트레스를 지나치게 키워 지속적으로 자신을 압박하는 것은 피해야 한다. 과도한 스트레스는 중압감, 번아웃, 무기력함을 초래할 수 있다. 중요한 것은 자신에게 적절한 긴장감을 유지하는 것이다. 너무 편안한 상태에 머물러서는 안 된다(곧 이야기할 스파르타인들은 신경과학이 발달하기 훨씬 이전부터 이 원리를 잘 알고 있었다!). 어떤 방식으로 주의력을 유지하고 적절한 불편함을 조성할지는 전적으로 당신에게 달려 있다. 하지만 기억해야 할 점은 이완과 편안함만으로는 에피네프린 수치를 높일 수 없다는 사실이다. 즉, 에너지가 부족하고 활기가 없다면, 흔히 생각하는 '자기 관리'나 휴식만으로는 문제가 해결되지 않을 가능성이 크다.

전략2 아세틸콜린 수치를 높여라

앞서 말했듯이, 에너지는 주의를 집중하기 위해 반드시 필요하다. 하지만 그것만으로는 충분하지 않다. 또 다른 비유를 들자면, 에너지는 자동차 연료와 같다. 여행을 떠나려면 연료가 꼭 필요하지만, 어디로 갈지 명확한 계획이 없다면 목적지에 도달할 수 없다. 성공적인 여행을 위해서는 목적지와 경로를 알고 차량을 제대로 운전할 수 있는 운전자가 있어야 한다.

아세틸콜린은 당신이 가진 동기와 에너지를 한 방향으로 집중시켜, 특정 과제나 목표에 주의를 기울이도록 돕는 신경전달물질이다. 이 물질은 감각 정보를 관리하고 조절하며, 당신의 경험 중에서 무엇이 중요한지 판단하고, 어떤 요소를 무시해야 할지 결정하는 데 도움을 준다. 사실, 앞서 다룬 '손전등 연습'을 할 때 바로 이 능력을 개발하는 것이다. 마치 화살

촉을 더욱 날카롭게 다듬는 과정과도 같다. 뇌에서 아세틸콜린 수치를 높이는 방법에는 여러 가지가 있다.

- **시각화 연습** 30초에서 몇 분 동안, 시야에 보이는 물체 하나를 골라 주변의 다른 모든 것을 배제한 채 그 물체에만 집중하도록 뇌를 훈련해 보자. 이는 앞서 다룬 '손전등 연습'의 시각적 변형 버전으로, 눈을 뜨고 수행하는 방식일 뿐이다. 이 연습을 하루에 여러 번 반복하며, 다른 모든 영역에서도 주의력이 얼마나 빠르게 향상되는지 관찰해 보자.

- **방해 요소 없는 환경 조성** 어떤 일을 하든, 주의력을 극대화할 수 있도록 방해 요소를 의식적으로 제거한 작업 환경을 조성해 보자. 물리적으로 공간을 정리하고 주변의 산만한 요소를 치우면, 정신적으로도 더 쉽게 집중할 수 있다. 책상을 깨끗이 정리하고, 스마트폰을 멀리 두며, 무의미한 웹 서핑을 차단할 수 있는 앱을 사용해 보자. 문을 닫고 '방해 금지' 팻말을 붙이거나 특정 시간 동안 방해하지 않도록 미리 알려 두는 것도 좋은 방법이다.

- **식단과 영양 보충** 아세틸콜린 수치를 직접적으로 높이는 방법의 하나는 달걀노른자 같은 음식을 섭취하는 것이다. 좀 더 넓게 보면, 건강한 식단은

몸의 자연스러운 균형을 유지하는 데 도움이 된다. 물론 좋은 식단이 마법처럼 주의력을 높여주는 것은 아니지만, 나쁜 식습관은 아무리 강한 의지나 마음챙김 연습으로도 상쇄할 수 없다는 점을 기억하자.

계속 이야기하기 전에, 니코틴에 대해 잠시 짚고 넘어가자. 흡연은 실제로 아세틸콜린 수치를 높이는 방법 중 하나다. 이것이 사람들이 흡연에 중독되는 이유 중 하나일 수 있다. 흡연은 각성과 집중을 유지하는 데 도움을 주며, 감정 조절의 수단으로써 쉽게 의존하게 된다. 물론 흡연은 너무나 많은 부작용을 동반하기 때문에, 니코틴을 집중력 향상을 위한 수단으로 추천할 수는 없다. 하지만 흡연자라면, 뇌가 이미 니코틴에 의존하게 되었을 확률이 높다. 따라서 금연을 시도할 때는 니코틴 없이 아세틸콜린 수치를 조절하는 방법을 신중히 고려해야 한다. 명상은 흔히 담배의 대체 수단으로 여겨지지 않지만, 명상이 실제로 효과적인 대안이 될 수 있다는 연구 결과가 있다.

전략3　**도파민 수치를 조절하라**

도파민은 복잡하고 종종 오해를 받는 신경전달물질이다. 일반적으로 쾌락, 보상, 동기 부여와 관련된 뇌 회로와 연결되며, 집중력과 동기를 지속적으로 유지하는 데 중요한 역할을 한다. 요즘 '도파민 디톡스' 같은 방법이 유행하지만, 단순히 도파민 수치를 높이거나 낮추는 것으로 최적의 동기 부여를 얻을 수 있는 건 아니다. 이것은 여성의 몸에 가장 적합한 프로게스테론 수치를 찾아야 한다고 말하는 것과 비슷하다. 실제로 건강한 여성의 호르몬은 한 달 동안 자연스럽게 변화하면서 균형을 유지한다. 중요한 것은 그 호르몬이 몸 전체에 걸쳐 얼마나 조화롭게 작용하는지다. 도파민도 이와 비슷하다. 수치가 낮다고 무조건 보충해야 하거나, 높다고 디톡스가 필요한 건 아니다. 핵심은 몸이 스스로 도파민을 적절히 조절할 수 있도록 돕는 것이다. 건강한 몸은 자연스럽게 도파민 수치를 조절하며, 균형을 유지한다.

따라서 도파민 수치를 최적화하고 싶다면, 가능한 한 건강한 상태를 유지하는 것이 결국 가장 중요하다. 티로신이 풍부한 음식(고기, 파르메산 치즈, 특정 채소, 씨앗, 견과류)을 섭취하거나,

커피와 같은 카페인 음료를 마시고, 명상을 하며, 찬물 샤워를 하는 것도 도움이 될 수 있다. 하지만 일반적으로 알려진 건강관리법이 사실은 가장 효과적이다.

- 규칙적으로 운동하라.
- **단백질을 충분히 섭취하라**(대부분의 현대인은 사실 너무 많은 단백질을 섭취하고 있으며, 이 다량 영양소가 부족한 경우는 거의 없다).
- **포화지방**(동물성 지방, 버터, 팜유, 코코넛 오일 등)**섭취를 줄여라.** 이는 도파민의 신호 전달에 방해가 될 수 있다.
- 장 건강을 관리하라. 장은 신경전달물질이 만들어지는 중요한 기관이다(참고로, 대부분의 현대인은 장 건강에 중요한 섬유질이 부족하다).
- 충분하고 질 좋은 수면을 취하라. 단순히 수면 시간을 채우는 것만으로는 부족하다. 수면의 질은 사람마다 크게 달라질 수 있기 때문이다. 질 낮은 수면은 다음 날 아침 도파민 분비를 방해할 수 있다.
- 충분한 햇볕을 쬐고 자연 속에서 시간을 보내라.
- 비타민이나 미네랄 보충제를 복용하라. 그 결핍은 도파민 합성에 영향을 줄 수 있다. 특히 철분과 비타민 B6가 중요하다.

우리가 집중력의 화살 모델에서 배울 수 있는 한 가지는, '마음'이 결국 신체의 기능이라는 사실이다. 생각은 뇌라는 신체 조직에서 일어나는 행동이다. 아이디어와 감정은 장기의 세포에서 일어나는 측정 가능한 변화이며, 이 과정에는 뇌뿐만 아니라 다른 장기들도 관여한다.

우리는 종종 '주의력', '의지', '동기'와 같은 추상적인 개념을 이야기할 때, 이러한 요소들이 신체와 불가분의 관계에 있다는 사실을 잊기 쉽다. 하지만 몸에 포도당이 없다면 의지도 존재할 수 없고, 마찬가지로, 자기 극복이라는 감각도 신체가 신경전달물질을 합성할 때 필요한 미량 영양소가 없다면 무의미하다. 결론적으로, 우리의 모든 경험은 신체를 기반으로 한다. 더 나은 자기 절제력과 주의력을 원한다면, 신체 건강을 유지하는 것은 선택이 아닌 필수다.

스파르타식 자기 절제 – 제거를 통한 개선

다시 한번 주의력의 손전등으로 돌아가 보자. 이 손전등이 특정한 것에 빛을 비추고 있을 때, 다른 한편에선 무슨 일이 벌어지고 있을까? 그 빛 밖에 있는 모든 것은 어둠 속에 가려진다. 그것들은 존재하지 않는 것이나 다름없다. 그렇지 않은가? 결국 손전등의 빛 안에 들어온 것이 당신의 우선순위가 되고, 그 외의 것들은 중요하게 여겨지지 않는다.

세계적으로 유명한 작가, 배우, 정치인 등 각 분야에서 최고로 인정받는 사람을 떠올려 보자. 그들을 군중 가운데 돋보이게 만드는 단 하나의 특성을 쉽게 떠올릴 수 있을 것이다. 그러나 우리가 간과하기 쉬운 점은, 그들이 그 특정한 능력을 키우기 위해 다른 많은 기술이나 자질에는 시간을 투자하지 않았다는 사실이다.

예를 들어, 유명한 기업가를 떠올려 보자. 그들의 사생활은 대체로 엉망인 경우가 많다. 저명한 물리학자는 건강 상태가 좋지 않거나 수영하는 법조차 배우지 않았을 수 있다. 혹은, 혁신적인 예술가와 활동가가 언론에서는 큰 주목을 받지만, 정작 은행 계좌는 텅 비어 있는 경우도 종종 있을 것이다.

무슨 의미인지 알 것이다. 성공은 일종의 자기 절제로 귀결된다. 그 자기 절제는 단순히 행동을 취하는 것뿐만 아니라 어떤 행동은 하지 않는 것도 포함한다. 손전등의 빛은 퍼지지 않고 특정 대상에 집중되기 때문에 밝게 빛난다. 당신이 떠올린 유명인들은 초점을 더욱 좁고 엄격하게 맞춘다. 그들의 손전등은 마치 레이저와 같아서, 하나의 목표에 극도로 집중하기 위해 더 많은 것을 과감히 배제한다.

스파르타인들은 독특한 철학으로 유명했는데, 그중 하나는 해롭거나 비생산적인 일을 덜 하는 데 전념하는 것이었다. 이는 단순히 더 많은 선행을 하는 데 집중하는 것과는 다른 관점이다. 이러한 관점의 전환은 삶의 방식을 근본적으로 변화시킨다. 우리는 많은 영역에서 평균적인 성과를 내는 '제너럴리스트generalist'가 될 수도 있고, 단 하나의 목표에 모든 자원을 집중하여 '스페셜리스트specialist'로서 더욱 큰 성과를 거둘 수도 있다.

스페셜리스트의 사고방식을 갖추려면, 무엇을 하지 않을

지 신중히 고민해야 한다. 또한 이미 시간 낭비라고 판단되거나, 당신이 주의를 기울일 만큼 큰 영향을 미치지 못할 것들을 철저히 제거하는 데 초점을 맞춰야 한다. 예를 들어, 워런 버핏Warren Buffett의 투자 전략은 미래의 성공을 예측하기보다는 나쁜 투자를 피하는 데 초점을 맞춘다. 마찬가지로, 일론 머스크Elon Musk는 "스스로 틀렸다고 가정하라. 목표는 덜 틀리는 것이다."라고 말한 바 있다. 즉, 우리는 점진적으로 나쁜 요소를 제거하면서 좋은 것을 찾아가는 과정 속에서 성장하는 것이다. 당신의 삶에도 이 원칙을 적용할 수 있다. 자기 절제는 무엇을 하지 않을지 선택하는 것에 더 가깝다는 점을 이해하라. 기적적인 운동법을 찾거나 최신 유행의 다이어트를 시도하기보다는, 꾸준히 헬스장에 가고 건강에 해로운 음식을 피하는 데 집중하라. 핵심은 큰 이익을 좇기보다는 작은 손실을 피하는 데 우선순위를 두는 것이다.

이러한 스파르타식 자기 절제 방식은 '제거를 통한 개선'이라는 개념으로 잘 알려져 있다. 이는 고대 스파르타의 일화에서도 잘 드러난다. 스파르타의 왕에게 왜 시민이 아닌 농노들에게 농지를 맡겼느냐고 묻자, 그는 자신들이 농사일에 매

달리지 않고 오직 자신을 단련하는 데 집중했기 때문에 성공할 수 있었다고 답했다. 이 일화는 스파르타 문화의 자기 계발 정신과 집중에 대한 헌신을 잘 보여주며, 모든 일을 직접 처리하려 하기보다 시간과 노력을 현명하게 우선순위화하는 것이 중요하다는 사실을 일깨워준다.

스파르타인들은 전문화와 기술 연마의 중요성을 깊이 이해했다. 그들은 목표와 관련 없는 사소한 일이나 소소한 절약에 시간을 낭비하지 않았다. 대신, 자신들이 선택한 분야에서 완벽을 추구하는 데 전념했다. 이러한 절제와 집중의 자세는 그들이 역사상 가장 효율적이고 강력한 군대로 인정받는 데 기여했다. 고대 세계에서는 한 명의 스파르타 전사가 다른 도시 국가의 병사 여러 명과 맞먹는 뛰어난 기술과 가치를 지녔다고 평가받았다.

제임스 클리어James Clear는 이를 '추가를 통한 개선'과 '제거를 통한 개선'으로 구분한다. 추가를 통한 개선은 효과가 있는 일을 더 많이 실행하는 데 초점을 맞춘다. 예컨대 더 빠른 자동차를 만들고, 더 강력한 스피커를 설계하며, 더 튼튼한 테

이블을 제작하는 식이다. 반면, 제거를 통한 개선은 효과가 없는 요소를 줄이는 데 중점을 둔다. 실수를 없애고, 복잡성을 줄이며, 불필요한 부분을 제거하는 것이다.

이런 개념을 자기 절제에 어떻게 적용할 수 있을까?

예를 들어, 크리스는 자신의 삶을 더 규칙적이고 절제하는 상태로 만들기 위해 노력하고 있다. 그는 아침에 일어나 전날 어질러진 집을 치우는 것으로 하루를 시작한다. 이 일이 귀찮고 싫지만, 자기 계발 팟캐스트를 들으며 조금이라도 덜 지루하게 하려고 노력하고, 끝난 후에는 스스로에게 작은 보상을 주어 동기를 유지하려고 노력한다. 이후에는 그날 참석할 회의에서 좋은 인상을 남기기 위해 깔끔한 옷을 찾느라 시간을 쏟고, 구겨진 셔츠를 급히 다림질하며, 어울리는 신발을 고르는 데 많은 시간을 허비한다.

퇴근 후에는 새로 등록한 요가 수업에 간다. 이 수업이 정말 도움이 되는지는 잘 모르겠지만, 이미 돈을 냈기에 시도해 보는 중이다. 집에 돌아와서는 유튜브를 보며 몇 시간을 낭비한 후, 저녁 식사를 준비한다. 그러나 재료 하나를 빠뜨린 것을 깨닫고 급히 마트에 다녀온다. 건강한 식사를 만들기 위해 45분을 쓴 후, TV를 두 시간 동안 시청하고, 후회할 것을 알면서도 초코바를 하나 먹은 뒤 잠자리에 든다.

크리스에게는 꿈이 있다. 그는 자신이 구상한 멋진 어린이책 아이디어를 실현하고, 특별한 사람을 만나고, 살을 빼고 건강한 몸매를 갖고 싶다. 그러나 매일 저녁, 이런 꿈들이 결코 이루어지지 않을 것 같다는 기분에 사로잡힌다. 그는 하루 종일 열심히 노력하는데도 왜 제자리걸음만 하는 것처럼 느껴지는 걸까?

이제 크리스티나를 만나보자. 그녀는 현재 진행 중인 프로젝트에 완전히 몰두해 있다. 완전히 새로운 분야에서 경력을 새롭게 쌓기 위해 교육을 받고 있으며, 자신이 원하는 삶을 이루기 위한 원대한 계획을 세우고 있다. 크리스티나는 아침에 일찍 일어나자마자 책을 펴고 교육 과정 공부에 몰두한다. 그녀는 이 교육 과정을 마치는 데 걸리는 넉 달 동안은 집안일을 전혀 신경 쓰지 않기로 결심했다. 대신 일주일에 한 번 청소부를 고용하고, 나머지 시간에는 어질러진 상태로 지내기로 했다. 직장에서 그녀는 전략적으로 행동한다. 자신의 최우선 목표와 관련된 일에만 선택적으로 집중하고, 그 외의 모든 일은 죄책감이나 두 번 생각할 필요도 없이 과감히 내려놓는다. 운동은 퇴근 후 달리기를 선택했다. 달리기를 특별히 좋아해서가 아니라, 건강을 유지하고 스트레스를 줄여 주요 목표에 집중하는 데 도움이 되기 때문이다. 언젠가 더 좋아하는 운동을 찾을 수도 있겠지만, 그녀는 이미 싫어한다고 확신하는 활동, 예를 들어 요가 같은 것에는 절대 시간을 쓰지 않는다. 현재로서는 달리기가 충분히 적합하며, 매일 아침 양치질을 하듯 규칙적으로 달리기를 실천하고 있다.

크리스티나는 매일 아침 기본적으로 같은 옷을 입고, 간단하면서도 영양가 있는 미리 만들어 둔 음식을 먹는다(주로 콩, 쌀, 달걀, 약간의 채소로 구성된 일괄 조리식이다). TV를 보거나 온라인상에서 무의미하게 시간을 보내는 행동은 절대 하지 않는다. 이 모든 것은 사실상 의지력을 필요로 하지 않는다. 그녀의 집에는 유혹하거나 방해할 만한 것이 없기 때문이다. 즉, 그녀는 의지력을 발휘할 필요가 없는 환경을 만들어 놓았다.

주방에는 건강에 해로운 간식이 없고, 서재에는 공부에 필요한 자료 외에는 아무것도 없다. 그녀는 집의 인터넷을 사실상 차단해 두었고, 휴대폰은 항상 무음으로 설정해 다른 방에 둔다. 식료품은 미리 예약된 일정에 따라 배달되기 때문에 쇼핑에 대해 고민할 필요도 없다.

넉 달이 지나자 크리스티나는 지쳤지만, 교육 과정을 무사히 완주하고 새로운 경력을 성공적으로 시작했다. 그녀는 크리스와 같은 수준의 에너지를 가지고 있었지만, 그 에너지를 단 하나의 목표에 집중했다. 브루스 리Bruce Lee는 이렇게 말했다. "성공한 전사는 평범한 사람이지만 레이저 같은 집중력을 가진 사람이다."

작가 빅토르 위고Victor Hugo는 하인에게 매일 특정 시간 동안 자신의 옷을 숨기라고 지시했다. 이는 책상에 앉아 글을 쓸 수밖에 없도록 스스로를 강제하기 위한 것이었다. 위고는 결국 벌거벗은 채《노트르담의 꼽추The Hunchback of Notre Dame》를 완성했다. 그에게는 선택의 여지가 없었다! 매일 할당된 글쓰기를 끝내야만 옷을 되찾아 나머지 하루를 보낼 수 있었다.

허먼 멜빌Herman Melville은《모비딕Moby Dick》을 완성하려고

아내에게 자신을 책상에 묶어달라고 부탁하기도 했다. 그 역시 소설을 끝내기 전에는 아무것도 할 수 없도록 자신을 가둔 것이다. 정신과 의사 카를 융 Carl Jung 은 숲속의 작은 돌탑에서 긴 시간을 고립된 채 보냈다. 그곳에는 전기도, 수도도, 심지어 카펫이나 마룻바닥조차 없었다. 융은 시간을 낭비하지 않기 위해 온갖 자기 절제 방법을 시도할 수도 있었겠지만, 오히려 다른 활동 자체를 배제해 집중할 수밖에 없는 환경을 만들었다.

스파르타인들에게는 온 나라가 공유한 단 하나의 목표가 있었다. 바로 최강의 군사력을 갖추는 것이었다. 그들은 이를 성공적으로 달성했다. 사실, 너무나 성공적으로 목표를 이뤄냈기에 그들의 업적은 오늘날까지도 사람들의 마음속에 생생히 남아 있다.

단순함이 성공을 만든다. 목표를 분명히 설정하고, 나머지 불필요한 것들은 모두 제거하라. 중요하지 않은 것에 에너지를 낭비하지 말라. 불필요한 것들을 줄이면 줄일수록, 정말로 가치 있는 일에 더 많은 시간과 에너지를 쏟을 수 있다. 사소한 것들에 발목 잡히지 말라. 중요하지 않은 것을 최적화하려고 애쓰는 것은 아무 의미가 없다. 결국 중요하지 않다면 더 잘하려고 애쓰지 말고, 그냥 하지 않는 것이 최선이다.

헨리 데이비드 소로Henry David Thoreau는 이렇게 말했다. "우리의 삶은 사소한 것들에 의해 허비된다. 단순화하고, 단순화하라." 그의 말은 옳다. 덧붙이자면, 삶을 낭비하지 않으려면 불필요한 세부 사항을 식별하고 단호히 없애는 법을 배워야 한다. 어디에 주의를 기울이고, 에너지를 쏟을지 과감하게 선택하고 절제하라. 당신은 단 한 사람이고, 당신의 자원은 제한적이다. 그렇다면 이 자원을 어디에 사용할 것인가? 당신의 에너지와 시간을 위한 '예산'을 세우고, 그 계획을 실행하라.

우리는 단 한 번뿐인 삶을 살아간다. 흥미롭거나 가치 있어 보이는 길들이 많을 수 있지만, 그것들이 과연 가장 가치 있는 길일까? 하나만 선택할 수 있다면 무엇을 고르겠는가? 이제 불필요한 일에 낭비되는 모든 에너지를 끊어내고, 진정한 차이를 만들 수 있는 곳에 그것을 투자해야 한다. 그렇게 한다면 더 이상 시간이 없다고 말할 필요가 없을 것이다. 목표에 집중한다면, 시간은 충분하다.

SUMMARY

- 마음에 휘둘리거나 방해받는 대신, 오히려 마음을 통제하여 내 편으로 활용할 수 있다.

- 사람들은 현재 기분이 일을 완수하기에 적절하지 않다고 느껴서 행동을 미루는 경향이 있다. 그리고 곧 기분이 나아질 것이라고 믿는다. 하지만 이런 생각은 시간이 지날수록 더욱 강화되는 미루기의 '파멸 고리'를 형성한다. 완벽주의, 성공/실패에 대한 두려움, 무력감이 이 문제를 악화시키는 주요 요인이다.

- 이 악순환에서 벗어나려면 스스로를 다독이는 태도, 일에 대한 생각을 재구성하는 능력(결점이 아니라 가치에 집중하기), 목표를 향해 작지만 의미 있는 걸음을 내딛는 것이 필요하다. 이는 단순히 시간 관리나 체계적인 계획이 아니라, 기분과 에너지 관리에 관한 문제다.

- 주의력은 손전등(방향 설정 시스템), 경고 신호(경보 시스템), 저글러(집행 기능)의 세 가지 모드로 작동한다. 자기 절제를 완벽히 익히려면, 주의력을 관찰하는 마음챙김 기술을 개발해야 한다. 주의력의 손전등 빛이 당면한 일에서 멀어졌을 때 이를 알아차리고, 이에 대해 판단하지 않고 원래 비추던 곳으로 부드럽게 되돌리는 것이 중요하다.

- 집중력의 화살 모델은 에피네프린, 아세틸콜린, 도파민이 각각 동기 부여, 집중력 향상 및 유지에 어떤 역할을 하는지 설명한다. 자기 절제를 강화하려면 명상과 시각화 연습, 좋은 스트레스, 카페인, 건강한 생활 습관 등을 통해 이러한 물질들의 수치를 높이고 조절하라.

- 마지막으로, 스파르타인들은 우리에게 더 많은 것을 추가하는 것이 아니라, 불필요한 것을 덜어내는 절제의 힘을 가르쳐준다. 즉, 무엇에 집중하지 않을지를 선택하는 것이다. 중요하지 않거나 해로운 요소들을 신중하게 가려내고, 과감히 제거하라. 우리의 자원은 한정적이므로, 이를 전략적으로 사용하고 불필요한 것들을 단순화해야 한다. 그렇게 하면 꿈을 이루기에 충분한 시간과 에너지를 확보할 수 있을 것이다.

PART

4

오늘부터,
꾸준한 자기 관리

★★★★★

　우리는 이미 매일 무의식적으로 따르는 습관을 가지고 있다. 중요한 것은 그 습관들이 우리의 목표에 부합하느냐는 점이다. 우리는 이미 세상을 바라보는 특정한 사고방식을 가지고 있다. 중요한 것은 그 사고방식을 어떻게 형성하고 도구로 활용할 것이냐는 점이다. 우리는 이미 주의력을 가지고 있다. 중요한 것은 그 주의력을 어디에 집중할지, 얼마나 오래 유지할지를 의식적으로 선택할 수 있느냐는 점이다. 이와 같은 원리에 따라, 당신의 몸에는 특정한 한계, 선호, 고유의 패턴이 내재되어 있다. 중요한 것은 이러한 패턴들과 <u>조화를 이</u>

루며 살아갈지, 아니면 그것들에 맞서 싸울지를 선택하는 것이다.

이번 마지막 장에서는 자기 절제가 장기적으로 어떻게 지속될 수 있는지 살펴볼 것이다. 많은 사람들이 단기적으로는 헌신과 노력을 유지할 수 있다. 그러나 이를 한 달 이상 지속하기는 쉽지 않은 일이다. '절제'라는 단어를 듣고 다이어트를 떠올리는 사람도 있을 것이다. 그들은 마치 다이어트를 시작할 때처럼 자기 절제를 고통스럽고 지속 불가능한 것으로 여기고, 필요한 순간에만 유지하다가 가능한 한 빨리 포기하려 한다. 그러나 진정한 자기 절제를 실천하는 사람들은 인생이 길다는 사실을 알고 있다. 지속적인 절제를 위해서는 단기적인 극단적 변화가 아니라, 시간이 지나도 다시 원점으로 돌아가지 않도록 장기적인 전략이 필요하다. 특히 중요한 것은, 실수할 수도 있다는 사실을 명확히 인식하고 이에 대한 대응책을 마련하는 것이다.

결국 핵심은 기대치에 있다. 만약 자기 절제를 완벽함, 쉬움, 모 아니면 도 사고방식, 혹은 날마다 꾸준히 발전하는 모습으로 상상한다면, 첫 번째 장애물에 부딪히자마자 포기하게 될 것이다. 그러나 자기 절제를 잘 실천하는 사람들은 실패, 의욕 부족, 힘든 날, 예상치 못한 좌절을 어떻게 다룰지 이미 알고 있다. 이들은 일이 계획대로 되지 않을 때 놀라지 않는다. 오히려 그런 상황을 예상하며, 좌절 속에서도 이를 극복하고 나아가 자신의 이점으로 바꿀 준비를 해둔다.

앞으로 우리는 타고난 신체적 한계를 극복하고 에너지와 집중력을 최대로 끌어올리는 방법과, 장애물이나 어려움, 실망스러운 상황이 삶의 균형을 무너뜨리지 않게 하루를 효과적으로 운영하는 방법을 알아볼 것이다. 이 과정은 완벽함이나 불굴의 의지를 추구하는 것이 아니다. 대신 유연함, 배움, 현실에서 성공을 만들어내는 느리지만 꾸준한 접근 방식을 중심으로 한다.

울트라디언 리듬을 활용하기

때로는 가장 절제하는 행동이 낮잠을 자는 것일 수도 있다. 의외일 수 있지만, 행동하는 것이 중요하다고 해서 항상 최선의 선택인 것은 아니다. 휴식도 그에 못지않게 중요한 가치다. 사실, 휴식은 생산성을 높이는 데 없어서는 안 될 또 다른 중요한 요소다. 우리는 휴식을 통해 배운 것을 정리하고, 에너지를 재충전하며, 스스로를 회복시킨다. 때로는 쉬는 것이 활동할 때 더 좋은 결과를 낼 수 있게 한다.

따라서 '도 아니면 모'식의 사고방식, 즉 '고통 없이는 얻는 것도 없다'는 신념에서 벗어날 필요가 있다. 무언가를 성취하려면 멈추지 않고 계속 달려야 하며, 피로를 느낄 때도 오직 의지의 힘으로 밀어붙이는 것이 유일한 방법이라는 생각은 옳지 않다.

우리의 몸은 지혜롭게도, 언제 휴식이 필요한지 분명하게 신호를 보낸다. 이 신호에 귀를 기울인다면, 졸음, 집중력

저하, 허기, 산만함과 같은 현상을 단순히 절제력 부족으로 치부하지 않고, 그것이 의미하는 바를 제대로 이해하고 대응할 수 있을 것이다. 앞서 우리는 세상에서 뛰어난 성과를 이룬 사람들과 그들의 끈질긴 추진력, 하나의 목표에 몰두하는 태도의 가치를 언급한 바 있다. 하지만 이런 이야기에는 종종 간과되는 한 가지 중요한 측면이 있다. 바로 번아웃, 탈진, 심지어 질병이라는 대가다. 그렇다면 이제, 왜 이 주제를 탐구해야 하는지 분명히 짚고 넘어가려고 한다. 이는 단순히 막연하게 자기 자신을 아끼기 위해서가 아니다(물론 그런 태도도 필요하다). <u>그보다는 균형을 유지하는 것이 사실상 더 현명하고, 효과적이며, 세련된 접근 방식이기 때문이다.</u>

예를 들어, 새벽 2시 30분에 억지로 일어나서 땀을 뻘뻘 흘리며 운동하고, 복잡한 미적분 문제를 푼 다음 다시 잠자리에 드는 상황을 상상해 보자. 이런 행동은 두 가지 이유에서 나쁜 선택이다. 첫째, 너무 낮은 성과를 내기 때문에 그 시간을 들일 가치가 없다. 둘째, 그 과정이 몹시 불쾌할 것이다. 결국 자기 절제는 단순히 사고방식, 습관, 주의력을 관리하는 것에 그치지 않는다. 삶의 타이밍과 조화를 관리하는 것이기도 하다.

일주기 리듬Circadian Rhythm은 환경 변화에 반응하는 신체의 24시간 주기를 말한다. 이 리듬은 에너지 수준, 소화 작용, 호르몬 분비, 수면 패턴, 기분 조절과 같은 인간의 다양한 과정과 행동을 조절한다. 연구자들은 여러 생물체에서 일주기 리듬을 연구한 결과, 빛, 온도, 음식, 운동, 사회적 교류와 같은 환경적 요인이 이러한 리듬을 조절하는 유전 인자에 영향을 미칠 수 있다는 사실을 밝혀냈다. 이는 어떻게 생각하느냐에 따라 문제일 수도 있고, 기회일 수도 있다. 자신의 몸에 귀를 기울이고 리듬에 맞춰 생활한다면 생산성과 행복감을 높일 수 있을 것이다. 그렇게 하지 않는다면 자신의 생물학적 현실을 거스르는 일을 하게 될 것이고, 이는 상당히 피곤한 일이다.

일주기 리듬과 함께 더 짧은 주기의 리듬인 울트라디언 리듬Ultradian Rhythm도 존재한다. 울트라디언 리듬은 하루에 여러 번 반복되며, 약 90분 주기로 나타난다. 1950년대에 수면 연구자인 너새니얼 클라이트먼^{Nathaniel Kleitman}은 인체가 90분에서 120분 주기를 거친다는 사실을 발견했으며, 이를 활동과 휴식 상태를 오가는 진동 주기로 규정했다.

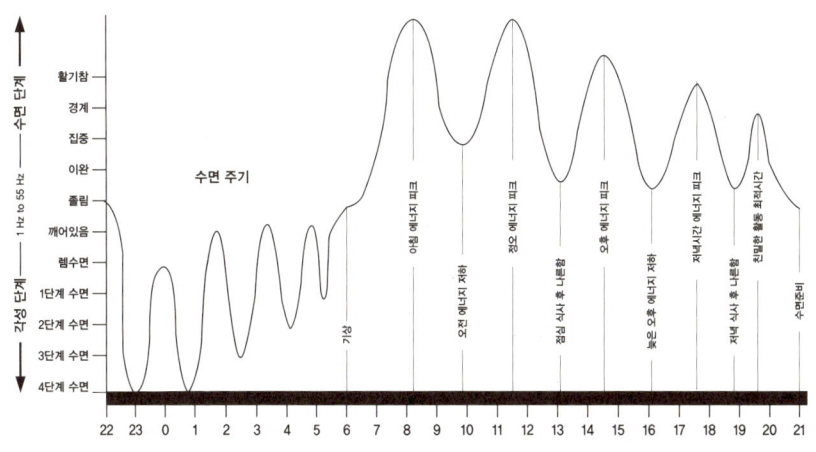

일주기 리듬

예를 들어, 아침 8시경 첫 번째 에너지 피크가 나타나고, 이후 정오 직전, 오후 2시 30분경, 그리고 오후 5시 30분경에도 피크가 나타난다. 이러한 에너지 피크는 하루가 지남에 따라 점차 강도가 약해지며, 마지막으로 오후 8시 직전에 피크가 나타난다. 각 피크는 약 90~120분 후 에너지 저하가 뒤따르고, 이러한 주기가 반복된다. 밤에도 같은 패턴이 이어지지만, 더 완화된 형태로 나타나며, 이는 수면 단계의 변화 속에서도 관찰할 수 있다.

시간 관리가 아니라 에너지 관리

생물학적으로 우리는 에너지 피크 시간에 가장 효율적이고, 집중력이 높으며, 창의적이고, 사교적이며, 활발하게 활동하도록 설계되어 있다. 반면, 에너지 저하 시간에는 이러한 능력이 감소한다. 예를 들어, 에너지가 낮은 시간에 가장 어려운 일을 몰아넣고, 에너지가 높은 시간에 쉬는 계획을 세운다면, 리듬이 흐트러져 제대로 성과를 내기 어려울 것이다.

반대로, 에너지가 높은 시간에 중요한 일을 하고, 에너지가 낮은 시간에 휴식을 취하도록 계획하면, 생물학적으로 자신이 낼 수 있는 최대치의 능력을 발휘할 수 있을 것이다. 이 추가적인 성과를 얻기 위해 더 열심히 일할 필요가 없다. 단지, 동일한 양의 일을 언제 할지를 신중하게 계획하기만 하면 된다. 생산성과 효율성이 중요하다면, 울트라디언 리듬을 이해하고 이를 활용하는 것이 가장 손쉬운 방법 중 하나다.

이를 위해서는 사고방식의 전환이 필요하다. 몸의 자연스러운 리듬에 역행하며 스스로를 몰아붙이는 데는 어떠한 미덕도, 가치도 없다. 그런 방식으로는 절제력을 기르거나 더 나은 자신으로 거듭날 수 없고 오히려 지치기만 할 뿐이다.

우리 몸은 약 90분에서 120분 동안 집중한 후 휴식을 취하는 주기에 맞춰 진화했다. 만약 작업 시간을 2시간에서 4시간으로 늘린다면, 추가된 2시간은 몸이 쉬고 싶어 하는 리듬을 억지로 거스르는 셈이다. 그 결과, 다음 에너지 피크가 왔을 때 이미 피로가 쌓여 제대로 활용하지 못할 가능성이 크다. 이것은 마치 무거운 봉을 들어 올리려 하면서 동시에 자신이 그 봉의 반대편 끝을 밟고 있는 것과 같다. 노력은 잔뜩 들이면서도, 그중 상당한 에너지가 스스로를 방해하는 데 쓰이고 있다는 사실을 생각해 볼 필요가 있다.

그렇다면 이런 주기가 모두에게 똑같이 나타날까? 대체로 비슷하게 나타나지만, 사람마다 약간의 차이는 있을 수 있다. 이를 알아내는 가장 좋은 방법은 적어도 일주일 동안 스스로를 관찰하며 몸과 마음이 가장 활기차고 민첩한 시간이 언제인지 기록하는 것이다. 각 주기의 시작은 글루코코르티코이드glucocorticoid 시스템의 변화, 즉 코르티솔cortisol 분비 조절에 의해 이루어진다(그래서 아침에 일어나자마자 커피를 마시지 말라고 하는 것이다. 아침은 하루 중 에너지가 가장 높은 시간일 가능성이 큰데, 이때 커피를 마시면 에너지뿐 아니라 호르몬 균형에 좋지 않은 영향을 줄 수 있다). 하지만 조심해야 할 점이 있다. 몸의 리듬을 무시하며 살아왔다면, 자신에게 자연스러운 상태가 어떤 건지 잘못 알고 있을 가능성이 있다. 예를 들어, 자신이 '아침형 인간'이 아니라고 주장하는 많은 사람들은 사실 만성적인 피로를 겪고 있거나, 수년 동안 굳어진 잘못된 수면 습관을 지니고 있을 수 있다.

자신의 첫 번째 에너지 피크가 언제 시작되는지 파악했다면, 이 시간을 가장 어렵고 집중이 필요한 일에 활용하라. 우선순위를 명확히 정리한 뒤, 가장 까다롭고 도전적인 일을 에너지 피크 시간에 배치하라(이와 관련된 내용은 뒤에서 더 자세히 다룰 것이다). 반면, 단순 행정 업무와 같이 덜 까다로운 일은 에너지가 떨어지는 시간으로 미루는 것이 효율적이다. 에너지가 가장 높은 시간을 단순하고 중요하지 않은 일로 낭비하지 않아야 한다.

대부분의 사람은 하루에 약 네 번, 90분씩 깊이 있는 집중 작업을 할 수 있다. 이는 최대치에 가까운 수치다. 어쩌면 이 시간이 너무 적다고 느껴질 수도 있다. 하지만 <u>집중적이고 질 높은 일을 할 경우, 생각보다 많은 시간이 필요하지 않다.</u> 하루 8시간을 내내 일할 수 있다는 주장을 자세히 들여다보면, 실제로 그중 초집중 상태에서 깊이 있는 일을 하는 시간은 극히 적다는 것을 알 수 있다. 이제 90~120분의 에너지 피크 시간에 어떤 일이 일어나는지 자세히 살펴보자. 이 시간은 다음과 같이 세 단계로 나뉜다.

- 첫 번째 단계: 각성
- 두 번째 단계: 최고의 성과
- 세 번째 단계: 스트레스

즉, 하나의 작업 주기 안에서도 또 다른 소주기가 존재한다. 보통 5~15분 정도의 준비 시간이 필요하며, 이후 약 1시간 동안 집중적인 작업이 이루어진다. 이 시기에는 목표를 향해 의미 있는 진전을 이룰 수 있으며, 중간중간 집중력이 흐트러질 수도 있지만 다시 되돌릴 수 있는 능력이 가장 높다. 마지막 단계에서는 점점 긴장이 풀리며 휴식이 필요하다는 신호를 느끼기 시작한다.

집중력, 주의력, 그리고 자기 절제는 피크 시간에 무엇을 하느냐뿐만 아니라, 그 이후에 어떻게 휴식을 취하느냐와도 깊은 관련이 있다. 일을 마친 후의 휴식을 일의 연장선으로 생각하라. 이 휴식 시간 동안 몸과 마음이 회복되고, 배운 것들이 통합된다. 특히 밤에 이루어지는 수면 중에는 뇌가 스스로를 재구성하며, 새로운 정보를 학습하고 정리한다.

가능하다면 20분 정도의 휴식을 취하라. 짧은 휴식이라도 전혀 쉬지 않는 것보다는 훨씬 낫다. 완전히 다른 활동을 시도해 보는 것도 좋다. 예를 들어, 머리를 많이 썼다면 밖으로 나가 햇볕을 쬐고 신선한 공기를 마시며 가볍게 산책해 보

라. 방을 떠나 자세를 바꾸고, 마치 뇌의 기어를 바꾼다고 상상하며 휴식을 취해보자.

울트라디언 리듬을 활용하는 방법

- **일정을 재조정하기** 모든 일정을 완벽하게 자신의 리듬에 맞추기는 어렵겠지만, 최대한 주기에 맞게 조정하라. 일정에 자신을 맞추는 것이 아니라, 자신의 리듬에 일정을 맞추는 것이 중요하다.

- **주기적으로 휴식하기** 90분 동안 집중해서 일을 한 후에는 반드시 휴식을 취해 에너지를 재충전하라. 하루에 2~4번 이상의 집중 작업은 하지 않는 것이 좋다. 이를 초과하면 피로가 누적될 수 있다. 휴식 시간에는 그저 멍하니 있는 것이 아니라, 의도적으로 마음과 몸을 이완시켜 다음 일을 준비하는 시간을 가져라.

- **산만함을 받아들이고 다시 집중하기** 가끔씩 산만해지는 것은 자연스러운 일이다. 중요한 것은 산만함을 얼마나 빨리 극복하고 다시 집중할 수 있느냐다. 방해 요소가 생기면 의식적으로 주의를 다시 원래 하던 일로 돌리려

고 노력하라. 빠르게 집중력을 회복하는 능력은 하루 종일 생산성을 떨어뜨리지 않고 유지하는 핵심이다.

- **실제로 휴식하기** 휴식을 취할 때는 휴식이 끝난 후의 일을 걱정하지 말고, 생산성을 유지하려는 시도를 멈춰라. 휴식 중에도 무언가를 억지로 하려 애쓰지 말고, 온전히 쉬는 데 집중하라. 20분 동안 제대로 쉬지 못한 채 쉬는 척하는 것보다는 10분이라도 제대로 쉬는 것이 훨씬 효과적이다.

- **분명한 경계를 설정하고 지키기** 언제 멈춰야 할지를 아는 것이 중요하다. 일이란 끝없이 이어질 수 있지만, 당신의 에너지는 한정되어 있다. 필요한 경우 "아니요"라고 말할 줄 알고, 아직 '충분히' 하지 못했다는 생각을 내려놓는 것이 필요하다. 완벽함보다는 80%의 만족을 목표로 삼고, 나머지는 과감히 내려놓아라. 그렇지 않으면 점점 더 많은 노력을 들일수록 성과는 줄어드는 수확 체감의 함정에 빠질 수 있다.

- **자연의 힘을 활용하기** (가능하다면) 아침에 일어나자마자 창문을 열어 신선한 공기를 깊이 들이마시고, 햇빛을 눈에 담아보자. 이 간단한 습관은 수면/각성 주기를 조절하는 데 도움이 될 뿐만 아니라 하루를 활기차게 시작

하도록 에너지를 북돋아 준다.

- **격렬한 운동은 에너지 피크 시간에 하도록 계획하기** 좀 더 가벼운 운동은 더 낮은 에너지 피크 시간에 하도록 계획하는 것이 효과적이다.

하루 동안 얼마나 많은 집중 시간을 가질 수 있는지는 수면의 질, 집중 상태에 얼마나 쉽게 도달하는지 등의 다양한 요인에 따라 달라진다. 하지만 이런 요인들과 상관없이 에너지 주기는 계속 반복된다. 따라서 에너지 주기를 억지로 바꾸려 하기보다는, 이를 받아들이고 효과적으로 활용하는 법을 배우는 것이 중요하다. 또한, 에너지 주기는 주말에도 변함없이 반복된다는 사실을 기억하라. 주말을 '온전히 쉬는 날'로 보내려다 오히려 리듬을 깨뜨리는 실수를 하지 않도록 주의해야 한다.

경기 전 루틴

울트라디언 리듬을 이해한다는 것은 매일 에너지의 고점과 저점이 반복된다는 사실을 받아들이고, 이를 기반으로 일정을 조율하는 것을 의미한다. 더 나아가 자기 절제를 잘하는 사람들은 또 다른 중요한 사실을 알고 있다. 의욕이 충만한 순간도 있지만, 때로는 가장 소중하게 여기는 목표조차 이룰 의욕이 생기지 않을 때가 있다는 점이다.

이와 마찬가지로, 피곤하다고 해서 자기 절제가 부족한 것이 아니고 단순히 휴식이 필요함을 의미하듯, 의욕이 부족하다고 느끼는 것도 자기 절제가 부족하다는 의미가 아니다. 이는 단지 의욕 수준이 오르내리는 자연스러운 현상일 뿐이다. 우리는 언제든 휴식을 취하거나, 상황을 재평가하거나, 계획을 조정할 수 있다. 이런 과정은 무언가가 잘못됐다는 의미가 아니며, 목표를 완전히 포기해야 한다는 의미도 아니다.

그 좋은 예가 체중 감량이다. 어떤 사람이 명확한 목표를 가지고 있고, 그 목표를 달성하기 위한 훌륭한 습관을 실천하고 있다 하더라도, 어느 순간 체중이 더 이상 줄지 않는 정체기에 도달할 수 있다. 이때 '더는 효과가 없다'는 생각에 사로잡히면, 의욕을 잃고 결국 모든 것을 포기하고 싶어질 수 있다. 하지만 그 습관이 효과가 없어진 것이 아니다. 문제는 이 사람이 체중 감량 과정의 특성을 잘 이해하지 못하는 데 있다. 체중 감량은 꾸준히 줄어드는 선형적인 과정이 아니라, 정체기가 반복되고 어느 순간 갑작스러운 변화가 나타나는 패턴을 띤다. 목표를 계속 추구할지, 아니면 포기할지는 이런 정체와 어려움이 반드시 찾아온다는 사실에 대해 어떤 태도를 보이느냐에 달려 있다. 어려운 순간이 올 것을 미리 예상하고 받아들일 준비가 되어 있는가? 아니면 처음부터 끝까지 꾸준한 의욕과 동기를 유지할 수 있을 거라는 비현실적인 기대를 하고 있는가?

지금까지의 긴 설명을 짧게 정리하면, 다음과 같다. 자기 절제를 잘한다는 것은 모든 일이 마법처럼 쉬워진다는 뜻이 아니다. 어떤 날은 전혀 의욕이 나지 않을 수도 있다. 하지만 자기 절제력을 기른다는 것은 이런 날이 반드시 올 것을 미리 예상하고, 이를 포기하는 이유로 삼지 않는 태도를 의미한다. 목표를 향한 여정에는 불쾌하고, 혼란스럽고, 좌절스러운 순간들이 찾아올 것이다. 그러나 이런 순간이 올 것을 받아들이는 것만으로도 당신은 훨씬 더 강인하고 유연한 사람이 될 수 있다. 이렇게 준비가 되어 있다면 어려움이 닥쳐도 당황하거나 낙담하지 않을 것이다. 오히려 역경이, 특별한 무언가를 하고 있다는 긍정적인 증거로 보이기 시작할 것이다. 당신은 한계를 넘어서고, 성장하며, 발전하고 있는 것이다. 그리고 이는 매우 바람직한 과정이다!

의욕이 나지 않을 때

아무리 생체 리듬을 조절하고, 건강 보조제를 챙겨 먹으며, 철저히 건강한 생활을 하고, 완벽한 정신 상태를 유지하며, 하루 종일 명상에 몰두한다고 해도, 가끔은 의욕이 전혀 생기지 않는 날이 있다. 왜냐하면 변화는 본래 어려운 일이기 때문이다. 쉬운 일이었다면 이미 이루었을 것이고, 다른 사람들도 마찬가지였을 것이다. 자기 절제는 이런 힘겨운 순간을 없애주지는 않지만, 그 순간을 더 잘 이겨낼 수 있게 도와준다.

야구는 다른 스포츠와는 달리 경기 수가 많다는 점에서 독특하다. 메이저리그 야구팀들은 한 시즌에 162경기를 치르는데, 이는 NBA의 두 배, NFL의 열 배에 해당한다. 심지어 고등학교 야구 선수들조차 매년 40~60경기를 소화한다. 그렇게 많은 경기를 치르다 보면 의욕이 없거나, 몸이 지치거나, 정신적으로 준비되지 않은 날도 있을 수밖에 없다. 이는 우리가 일상에서 경험하는 것과 비슷하다. 우리도 중요한 일이 힘겹게 느껴지는 날이 있기 때문이다. 하지만 의욕이 없어도 경기는 계속된다. 의욕이 없는 상황을 극복할 방법을 찾는 것이 중요하다. 많은 선수들이 이럴 때 자신만의 '경기 전 루틴'을 활용한다. 이 루틴은 무기력한 상태에서 벗어나 경기에서 최상의 실력을 발휘할 수 있도록 돕는다.

경기 전 루틴에는 조깅, 스트레칭, 캐치볼, 투구 연습과 같은 구체적인 행동들이 포함된다. 이는 단순히 몸을 푸는 것이상의 역할을 하며, 무엇보다 경기에 임할 수 있는 올바른 정신 상태를 만드는 데 도움을 준다. 이 루틴을 꾸준히 반복하다 보면, 의욕이 부족한 날에도 더 자연스럽게 '경기 모드'에 진입할 수 있게 된다.

루틴은 야구에만 국한된 개념이 아니다. 다양한 분야에서 성공한 사람들은 중요한 일을 앞두고 자신만의 의식을 치른다. 예를 들어, NBA 선수들은 자유투를 던지기 전에, 코미디언들은 무대에 오르기 전에, 기업 임원들은 하루를 시작하기 전 아침 명상을 통해 자신만의 루틴을 수행한다. 이러한 루틴은 단순한 습관을 넘어, 의욕이 부족한 날에도 올바른 정신 상태를 유지하며 최상의 결과를 끌어낼 수 있도록 돕는다. 비슷한 방식을 우리 삶에 적용하면, 누구나 의욕 부족의 장벽을 넘어 중요한 일을 꾸준히 해낼 수 있다. 운동, 공부, 글쓰기, 연설 등 어떤 일이든 마찬가지다. 그리고 가장 좋은 점은, 루틴은 의욕이 있든 없든 상관없이 수행할 수 있다는 점이다. 자신만의 루틴을 만드는 것은 생각보다 간단하다.

1단계 **쉽게 만들어라.**

루틴을 시작하는 과정을 너무나 간단하고 자동화된 것처럼 만들어 거부할 여지를 없애야 한다. 거의 생각할 필요도 없이 자연스럽게 실행할 수 있어야 한다. 몇 가지 예를 들어보자.

- 공부 루틴은 물 한 잔을 따르는 것으로 시작한다. 물 한 잔을 따르는 것은 누구나 쉽게 할 수 있는 가장 간단한 행동 중 하나다.
- 운동 루틴은 운동화를 신는 것에서 시작된다. 아주 간단하다. 운동화를 손이 닿는 곳에 두고 다른 신발은 신기 어렵게 배치하면, 훨씬 더 쉽게 시작할 수 있다.
- 피아노 연습 루틴은 커피를 가져오며 피아노 옆을 지나가는 것에서 시작된다. 피아노를 지나치지 않고는 집에서 움직이기 어려우니 자연스럽게 루틴이 시작되는 것이다.

많은 경우, 의욕 부족은 단순히 시작하지 못하게 만드는 작은 관성에 불과하다. 하지만 일단 시작하면 의외로 쉽게 계속할 수 있다. 가장 어려운 건 시작하는 것이지만, 다행히 아주 작은 행동으로도 시작할 수 있다. 중요한 건, 루틴을 거창하거나 부담스러운 일로 만들지 않는 것이다. 자연스럽게 실행할 수 있는 방법을 찾아라. 예를 들어, 새벽에 달리기를 하는 사람들은 화장실에 가려고 일어났다 돌아오는 길에 문 앞에 둔 운동화를 바로 신고 나가 달리기를 시작한다. 이 모든 과정이 순식간에 진행되어 핑계를 생각할 겨를도 없이 이미 시작하게 된다. 물론 처음에는 작은 일조차 시작하려면 약간의 의지가 필요하다. 하지만 이렇게 스스로에게 말해보라. "그냥 운동화만 신어 보자. 거기까지만 해도 돼." 다음 단계는 아예 생각하지 말라. "5분만 뛰자. 그러면 충분해."

2단계 **몸을 움직여라.**

의욕은 단순히 생각만으로 생기지 않는다. 실제로 몸을 움직여야 한다. 목표나 해야 할 일이 지적인 작업에 국한된 것이라 해도 마찬가지다. 왜 그런지 이해하려면 의욕이 없을 때 몸이 어떻게 반응하는지를 떠올려 보라. 아무 움직임 없이 축 처져 있을 것이다.

정신적, 감정적 에너지가 부족할 때는 신체적 에너지도

함께 줄어든다. 이로 인해 몸이 무기력해지고 움직이지 않게 된다. 하지만 거꾸로, 몸을 움직이기 시작하면 생각과 감정도 점차 변화하여 행동을 이끌어낼 수 있다. 몸이 실제로 움직이고 있으면 목표를 향해 나아가고 있다고 느끼기가 훨씬 쉽다.

이런 원리는 많은 사람들이 혼자 오래 산책할 때 문제 해결의 실마리를 찾는 이유를 설명해준다. 발걸음을 내딛는 물리적 움직임 자체가 앞으로 나아가는 감각을 제공해 더 추상적인 문제에서도 해결의 단서를 찾게 해준다. 몸을 움직이는 행동이 의욕과 활력을 되살리는 출발점이 될 수 있다. 우리는 보통 행복하면 미소를 짓는다고 생각한다. 하지만 그 반대도 성립한다. 미소를 지으면 행복해진다. 그러니 미소를 지어라!

어려운 에세이를 써야 한다고 가정해 보자. 이럴 때 필요한 경기 전 루틴은 시작하기 쉽고, 어떤 형태로든 몸을 움직이는 활동을 포함해야 한다. 여기서 활동이 꼭 운동을 의미하는 것은 아니다. 단순히 에세이 작성을 위한 물리적 준비 과정일 수도 있다. 예를 들어, 종이와 펜을 준비하고 책상에 앉아 아이디어를 정리하기 시작하는 것이다. 하지만 단순히 머릿속으로만 어떻게 쓸지 생각하는 것은 큰 도움이 되지 않는다. 행동을 시작하는 것이 핵심이다.

3단계 꾸준함을 유지하라.

항상 동일한 방식으로 루틴을 따르라. 이것이 바로 습관을 형성하는 과정이다. 일단 습관이 만들어지면, 의식적으로 노력하지 않아도 자동으로 실행된다. 이는 의욕이 부족한 날, 반드시 필요한 요소다. 행동을 습관으로 자동화하면 시간과 에너지를 절약할 수 있다. 이렇게 절약한 자원은 목표 달성을 위한 핵심 작업에 더 효과적으로 투입할 수 있다.

경기 전 루틴을 통해 목표로 삼아야 할 것은 뇌가 특정 행동을 통해 이어질 상황을 예상하고 그것을 당연하게 여기도록 훈련하는 것이다. "이것이 XYZ를 하는 방법이야. 먼저 이걸 하고, 그다음에 이걸 하고…"라는 식으로 일련의 과정을 자연스럽게 익히는 것이다. 이렇게 되면 루틴에 포함된 행동이 매번 의식적으로 선택해야 하는 일이 아니라, 습관처럼 자동적으로 실행되는 일이 된다. 예를 들어, 매일 아침 눈을 뜨면 이를 닦거나 옷을 입는 과정을 떠올려 보자. 이 일을 하기 위해 특별히 동기를 찾거나 스스로를 설득하려 애쓰지 않는다. 그냥 항상 해오던 일이기 때문에 당연히 하게 되는 것이다.

경기 전 루틴은 바로 이 정도 수준의 자동성을 목표로 한다. 해야 할 일이 마치 '그냥 그렇게 될 수밖에 없는 일'처럼 느껴지도록 만드는 것이다. 궁극적으로는 루틴을 따르지 않는 것이 루틴을 실행하는 것보다 더 어렵게 느껴지도록 삶을 설계해야 한다.

중요한 일 먼저 하기

이제부터 논의할 이 기법에는 여러 가지 변형된 버전이 있지만, 간단히 요약하면 핵심은 하나다. 가장 중요한 일을 먼저 처리하라.

'개구리를 먹어라Eat the Frog'라는 잘 알려진 시간 관리 전략은 우리의 내부 생체 리듬(앞서 다룬 울트라디언 리듬)을 활용해 생산성을 높이는 방법이다. 이 기법은 하루 중 에너지와 의욕이 가장 높은 아침 시간에 가장 어렵거나 중요한 일을 처리하라고 조언한다. 이는 단순한 시간 관리 기법 이상의 심리적 효과도 있다. 가장 어려운 일을 먼저 끝내면, 그 일이 머릿속을 떠나지 않고 계속해서 부담을 주거나 스트레스를 유발하는 상황을 방지할 수 있기 때문이다. 반대로 이를 미룬다면, 두려움과 저항감이 커지고 결국 더 많은 일을 미루게 될 가능성이 크다.

'개구리를 먹어라'는 해야 할 일 목록에서 꺼려지지만 중요한 일을 먼저 해결하라는 뜻이다. 정말로 개구리를 먹어야 한다고 상상해 보라. 가장 좋은 방법은 가능한 한 빨리 먹고 끝내버리는 것이다. 그렇게 하면 남은 모든 일들이 훨씬 수월하게 느껴질 것이다.

'개구리'라고 불리는 일들은 보통 상당한 노력이 필요하고 미루게 되기가 쉬운 일들이다. 하지만 이런 크고 복잡한 일들은 완수했을 때 그에 상응하는 큰 보상을 가져온다. 예를 들어, 아침에 달리기를 하러 나가는 것은 쉽지 않은 일일 수 있다. 하지만 달리기 후 느끼는 '러너스 하이runner's high'는 남은 하루를 더 활기차게 만들어주고, 다음 날의 달리기는 조금 더 수월해진다.

'개구리'라는 표현은 일 자체를 부정적으로 묘사하려는 것이 아니다. 오히려 노력이 필요한 중요한 일을 먼저 처리함으로써 장기적으로 생길 수 있는 부정적인 결과를 방지하라는 의미다. 이런 일들은 특히 미루기 성향을 지닌 사람들의 회피 심리를 자극하기 쉽지만, 이 기법은 그런 심리를 뒤집어 오히려 이런 일들을 하루의 가장 중요한 우선순위로 삼도록 권장한다.

개구리를 먹어라!

1단계 '개구리'를 찾아라.

가장 먼저 해야 할 일은 해야 할 모든 작업을 종합적으로 정리한 목록을 작성하는 것이다. 직접 적어보면 머릿속에서 어지럽게 떠다니던 생각들이 정리되면서 일이 생각만큼 벅차지 않다는 사실을 깨달을 수 있다. 목록을 작성하는 것 자체가 부담스럽게 느껴진다면, 업무 과제나 개인적인 할 일 등 특정 영역에만 집중해서 작성해도 괜찮다. 또한, 목록에 있는 작업을 더 작은 작업으로 세분화해 보라. 이렇게 하면 각 작업이 구체적이고 실현 가능한 형태가 되어 실제로 실행에 옮기기가 더 쉬워진다.

목록이 완성되었다면, 다음 기준에 따라 우선순위를 정하라.

1. 마감 기한이 임박한 일인가?
2. 다른 일에 영향을 미치거나, 완수했을 때 큰 이익을 가져올 가능성이 있는 일인가?

위 두 가지 조건을 모두 충족하는 일은 개구리로 분류할 수 있다. 물론, 이러한 일이 당신의 목표와 가치에 부합하는지도 확인해야 한다. 스파르타식 단순화 전략을 적용해 정말 해야 할 일인지, 아니면 불필요한 일인지 판단하라. 다음 날 아침이 되면, 당신은 개구리와의 약속이 있음을 알고 있다. 개구리를 먹는 일은 당연히 유쾌하지 않다. 그러니 더욱 그 일을 질질 끌거나 불필요하게 오래 붙잡고 있지 말라. 그보다, 가능한 한 높은 에너지와 강한 의욕으로 그 일을 단번에 끝내는 것이 가장 현명한 방법이다. 개구리를 먹을 때는 망설이지 말고 재빠르게 해치워라. 한입에 삼켜서 그 맛을 느낄 새도 없이 먹어 치우는 것이 목표다! 그렇게 하면 하루의 시작부터 부담을 덜어내고, 여유로운 마음으로 남은 일들을 계획하며 다음 단계로 넘어갈 수 있을 것이다. 반대로 만약 그 개구리를 미룬다면, 하루 종일 그 일이 머릿속을 떠나지 않아 두려움과 부담감에 시달릴 것이다.

2단계   가장 큰 개구리부터 먹어라.

당신이 한 나라의 대통령이거나 액션 영화의 주인공이 아닌 이상, 하루에 처리해야 할 정말 큰 개구리는 보통 한 마리일 것이다. 하지만 만약 개구리가 두 마리 이상이라면, 가장 큰 개구리부터 처리하라. 그리고 그 일을 끝내기 전까지는 다른 개구리에 신경 쓰지 말라.

때로는 개구리의 우선순위를 정해야 할 수도 있다. 이를 위해 다음 두 가지 기준에 따라 일을 분류해보라.

1. 얼마나 중요한 일인가?

2. 당신이 미루고 싶어 하는 일인가?

만약 어떤 일이 매우 중요한데도 당신이 미루고 싶어 한다면, 그것이 바로 가장 큰 개구리다. 이 일은 가능한 한 빨리 처리해야 한다. 자신이 가장 두려워하고 미루고 싶어 하는 일을 찾아 목록의 맨 위로 올리고 우선적으로 해결하라.

3단계   아침에 개구리를 먹고 그다음에 나머지를 처리하라.

생산성을 높이려면 가장 어려운 일, 즉 '개구리'를 아침에 처리해야 한다. 아침 루틴을 마친 후에는 망설이지 말고 가장 힘든 일부터 시작하라. 그 일을 끝마치고 나면 비교적 쉬운 일로 넘어갈 수 있다. 어려운 일을 먼저 해결하면 이미 큰 성과를 이룬 셈이고, 하루를 긍정적인 기운으로 시작할 수 있다. 이를 통해 오히려 스스로 동기 부여가 되어 나머지 일도 척척 해낼 수 있을 것이다. 무엇보다 가장 어려운 일을 끝냈다는 자신감이 생겨 나머지 하루가 훨씬 가볍게 느껴질 것이다. 오전 10시 이전에 중요한 일을 끝냈다는 성취감만큼 기분 좋은 시

작은 없다. <u>좋은 목표가 필요하다.</u>

다음 내용으로 넘어가기 전에, 반드시 기억해야 할 점이 있다. 당신이 먹으려는 '개구리'는 반드시, 당신에게 진정으로 가치 있는 목표로 나아가는 데 도움이 되는 일이어야 한다. 목표에 실질적으로 기여하지 않는 어려운 일을 억지로 처리하려고 애쓰는 것은 시간 낭비일 뿐이다. 또한, 애초에 잘못된 목표를 설정했다면 그 일을 처리하는 노력 자체가 무의미하다.

목표를 제대로 설정했는지 확인하기 위해 다음의 체크리스트를 활용해 보자.

- 목표는 'SMART'해야 한다. 즉, 구체적(Specific)이고, 측정 가능(Measurable)하며, 실현 가능(Achievable)하고, 관련성(Relevant)이 있으며, 명확한 기한(Time-bound)이 있어야 한다. 만약 그렇지 않다면, 목표를 다시 정리하여 무엇을 이루고자 하는지, 어떻게 성취 여부를 확인할 것인지, 목표가 삶과 어떻게 연결되는지, 언제까지 달성할 것인지 명확히 해야 한다.

- 목표의 맥락을 명확히 하라. 당신의 목표가 어떤 위치에 있는지 정확히 파악하라. 큰 그림을 보았다가 다시 세부적으로 들여다보며 장기, 중기, 단기 목표를 정리하라. 지금 해결하려는 일이 그 안에서 어떤 역할을 하는지 확인하라.

- 의미와 목적, 가치와 연결되어 있는가? 이 모든 것을 추구하는 이유는 무엇인가? 당신이 세운 목표가 당신이 되고 싶은 사람이 되는 데 어떤 기여를 하는지 깊이 생각해보라. 진정으로 당신의 열정을 불러일으키는 목표인가, 아니면 다른 사람이 중요하다고 말한 목표를 그저 따라가고 있는 것인가? 사람은 변화하고 성장하며, 가치관도 함께 변한다. 그러니 새로운 꿈을 위해 이전의 목표를 내려놓아도 괜찮다.

- 지금 가장 중요한 우선순위는 무엇인가? 우선순위가 여러 개라면, 사실상 아무것도 우선순위가 아닌 게 된다. 현재 가장 중요한 일과 목표를 하나만 선택하라. 불필요한 세부 사항에 시간을 낭비하거나 다른 일에 주의를 분산시키지 말라.

첫 번째 팬케이크 이론

팬케이크를 만들어 본 적이 있다면, 첫 번째 팬케이크는 항상 망친다는 이야기를 들어봤을 것이다. 팬케이크를 만들다 보면 처음 한 장은 늘 엉망이 되지만, 팬이 적절히 달궈지고 나면 이후의 팬케이크는 잘 만들어진다. '첫 번째 팬케이크 이론'에 따르면, 생산성도 이와 비슷하다. 하루의 첫 번째 일은 종종 기대에 못 미칠 수 있으니, '개구리 먹기' 기법과는 달리 가장 중요한 일을 이 시간에 배치하고 싶지 않을 것이다.

겉보기에 이 두 접근법은 서로 상충하는 것처럼 보일 수 있다. 하지만 자세히 들여다보면, 사실 이 두 방식은 서로를 보완해준다. 첫 번째 팬케이크가 완벽하지 않다고 해서 나머지 팬케이크까지 실패한다는 뜻은 아니다. 숙련된 요리사는 이를 잘 알고, 첫 번째 팬케이크가 완벽하지 않아도 실망하지 않는다. 그저 첫 팬케이크를 시도한 후 바로 다음 팬케이크로 넘어갈 뿐이다. 이를 과정의 일부로 받아들이며, 실패를 개선할 기회를 충분히 남겨둔다. 반죽을 여유롭게 준비해 이후의 팬케이크에서 필요한 조정을 할 수 있게 한다.

이 이론은 처음부터 완벽함을 기대하기보다는 초기의 부족함을 받아들이고 이를 실험이나 학습의 기회로 삼으라고 제안한다. 하지만 생각해보면, 이런 초기의 부족함을 받아들이는 과정 자체가 바로 개구리를 먹는 것이다. 우리가 미루고 싶어 하고 피하려고 하는 건 대개 익숙하지 않은 초보 단계다. 이 단계에서는 자신의 능력에 자신이 없거나, 전략이 불분명하거나, 혹은 편안한 영역에서 벗어나 있다는 이유로 불안함을 느낀다. 마치 차가운 프라이팬에서 요리를 시작하는 것과 같다.

어떤 사람들에게는 아침에 바로 어려운 작업에 뛰어드는 것이 부담스러울 수 있다. 그런 사람들에게는 작고 가벼운 첫걸음이 곧 '개구리'일 수 있다. 이는 앞서 설명한 경기 전 루틴과 비슷하다. 즉, 작업을 시작한다는 압박감 없이, 가볍게 준비 단계부터 시작하는 것이다. 이렇게 하면 서서히 작업에 익숙해지고, 약간의 워밍업을 거친 후 점차 속도를 올릴 수 있다.

어떤 방식으로 일을 바라보든 변하지 않는 몇 가지 원칙이 있다. 자신의 태도와 보이지 않는 약점을 객관적으로 살펴보고, 이를 자신의 이익으로 바꿀 수 있는 방법을 찾아야 한다. 만약 자신이 정말 아침형 인간이 아니라고 한다면, 굳이 아침에 가장 어려운 일을 하려고 애쓸 필요는 없다. 대신, 자신이 가장 에너지가 넘치는 시간에 그 일을 처리하면 되며, 그 시간이 언제인지는 중요하지 않다. 또한, 일을 가능한 한 빨리 처리하는 것이 부담스럽다면, 작은 단계로 시작하여 점진적으로 진행하는 방식을 선택할 수도 있다. 중요한 것은 당신에게 맞는 방법을 찾아 실행하는 것이다.

결국 책임은 당신에게 있다. 여러 가지 방법을 시도하고, 그 결과에 따라 조정해 나가야 한다. 안타깝지만 때때로 게으름, 두려움, 망설임을 극복하기 위해 스스로를 밀어붙여야 하는 순간은 피할 수 없다. 다만, 그런 순간을 극복하기 위해 어떤 접근법이 가장 효과적인지 찾아내는 것은 전적으로 당신의 몫이다.

워런 버핏의 두 가지 목록 전략

팬케이크나 개구리 이야기가 별로 와닿지 않는다면, 워런 버핏이 제안한 '두 가지 목록' 전략을 활용해 볼 수 있다. 특히 여러 계획과 목표를 동시에 진행하며 늘 바쁜 사람들에게는 이 방법이 유용하다.

이 전략은 먼저 자신이 이루고 싶은 25개의 목표를 작성한 뒤, 그중 가장 중요한 5개를 선택하는 것이다. 그리고 나머지 20개 목표는 '절대 손대지 말아야 할 목록'으로 분류한다. 즉, 상위 5개 목표를 달성하기 전에는 나머지 목표에 어떤 시간이나 에너지도 쓰지 않는 것이다. 이 방법은 가장 중요한 목표에 집중하고 그것들을 최우선으로 다루는 데 초점을 맞춘다.

1단계 **상위 25개 목표를 작성하라.**

평생 이루고 싶은 목표 25개를 작성해보자. 시간을 충분히 들여 목표를 꼼꼼히 떠올려 보고, 큰 범위에서 시작해 점차 구체적으로 좁혀 나가자. 예를 들어, 한 해 동안 실현 가능한 목표로 구체화하면 더욱 관리하기가 쉬워진다.

2단계　가장 중요한 5개 목표를 선택하라.

25개 목록에서 가장 중요한 5개 목표를 골라라. 평생 이 5개의 목표만 이룰 수 있다고 상상하며 신중하게 선택하고, 이를 확실히 표시한 후 다음 단계로 넘어가자.

3단계　목표를 2개의 목록으로 나눠라.

목록 A에는 가장 중요한 상위 5개 목표가 포함된다. 이 목록에 있는 목표에만 집중해야 한다. 목록 B에는 나머지 20개 목표가 포함된다. 목록 A의 목표를 모두 달성하기 전까지는 목록 B에 있는 목표를 완전히 무시해야 한다.

4단계　상위 5개 목표를 달성한 후 이 과정을 반복하라.

목록 A에 있는 목표 5개를 모두 달성하면, 처음부터 다시 이 과정을 반복하라. 목표 25개를 새롭게 작성하고, 이를 다시 우선순위에 따라 정리하라. 이때도 목록 B에 있는 목표는 건드리지 말고, 새롭게 정한 상위 5개 목표에만 집중하라. 과정을 반복하는 동안, 시간이 지남에 따라 상황이 변하거나 이전 목표가 더 이상 중요하지 않아질 수도 있다.

핵심은 한 번에 적은 수의 목표에 집중함으로써 시간과 에너지를 효과적으로 사용하는 것이다. 다른 데 주의를 돌리지 않고 가장 중요한 일에 몰두하면 성공 가능성이 크게 높아진다. 워런 버핏의 접근법은 결국 할 일 목록에 있는 모든 일을 개구리로 만드는 것이다. 그의 관점에서는 가장 중요한 일 외에는 의미가 없다. 스파르타인들이 그러했듯이, 오직 핵심적인 목표에만 신경 써야 한다. 이 방법을 따르면, 무엇이 우선순위인지 고민하는 데 시간을 낭비하지 않고, 상위 목표에만 집중할 수 있다.

할 일 목록을 효율적으로 정리하고 매일 최상의 성과를 내도록 돕는 요령과 방법은 셀 수 없이 많다. 하지만 대부분의 방법은 하나의 기본 원칙에 뿌리를 두고 있다. 바로, 가장 크고 중요하고 어려운 일을 먼저 처리하는 것이 최선이라는 것이다.

지금 이 순간에 집중하라. 미래가 어떻게 될지는 아무도 예측할 수 없다. 나중에 더 많은 의욕, 시간, 돈이 생길 거라 기대하며 미루는 건 위험하다. 요가 바시스타 Yoga Vasistha에서는 이렇게 말한다. "지금 이 순간 올바른 행동을 하는 것보다 더 강력한 힘은 없다." 결국 우리가 가진 것은 현재 순간과 이 순간에 올바른 행동을 선택할 수 있는 힘뿐이다.

절대 멈추지 않는 약속

이 책의 마지막에 이르러, 다소 놀라운 결론에 도달할 것이다. 바로, 동기 부여와 자기 절제는 생각만큼 중요하지 않다는 것이다. 자신의 삶을 완벽히 주도하며 꿈을 이룬 사람들의 습관과 사고방식을 살펴보면, 그들이 반드시 일 중독자이거나 지나치게 야망에 사로잡힌 사람들은 아니다. 그들의 공통된 특성은 스스로와 한 약속을 지킨다는 점이다. 이는 단순히 동기 부여되는 것과는 전혀 다르다. 약속을 지킨다는 것은 행동하기로 결심했기 때문에 행동하는 것이다.

동기는 중요하지 않다.
영감도 중요하지 않다.
기분, 시간대, 날씨, 타인의 행동, 이 모든 것은 아무런 영향을 미치지 않는다.

당신은 목표에 따라 행동하기로 결심했고, 그래서 그렇게 행동한다. 그 목표에 완전히 전념하며, 어떤 것도 포기의 정당한 이유로 인정하지 않는다. 약속에는 모든 것을 명확하게 해주는 힘이 있다. 변명의 여지가 없고, 핑계를 댈 틈도 없다. 약속이란, 무슨 일이 있어도 행동하겠다는 자기 자신과의 맹세다. 그리고 이런 약속은 오히려 모든 것을 아주 단순하게 만들어준다.

지루해서 미칠 것 같든, 완전히 지쳐버렸든, 의욕이 사라졌든, 의심이 들든, 두려움에 사로잡혔든, 혼란스럽든, 부끄럽든, 흥미가 없는, 그 어떤 상황이어도 상관없다. 당신은 행동한다. 왜냐하면, 스스로와 약속했기 때문이다. 그 약속을 지키는 것은 자기 자신과의 신뢰를 유지하고, 스스로에 대한 존중과 자부심을 지키는 일이다.

이 군은 결심이 앞서 이야기했던 피할 수 없는 역경과 좌절 속에서 어떻게 작동할 수 있을지 궁금할 것이다. '얼마나 느리게 걷는지는 중요하지 않다. 멈추지만 않으면 된다'라는 속담이 있다. 이 속담은 절대 멈추지 않는 약속의 정신을 잘 담고 있다. 이는 특정 습관의 최소한의 기준을 정하고, 그 기준이라도 반드시 실천하며 이어가는 것을 의미한다. 결국 이 약속은 자신의 삶에 대해 완전한 책임을 지고 통제권을 가지는 것이다. 변명이나 핑계가 끼어들 여지는 더 이상 존재하지 않는다.

어느 날 아침, 눈을 떴을 때 매일 하는 달리기를 도저히 할 엄두가 나지 않을 수도 있다. 심지어 감기에 걸린 것처럼 몸이 으슬으슬하고 기운이 없을지도 모른다. 하지만 그렇다고 해서 더 절제되고 건강한 삶을 위한 목표를 그냥 포기할 수는 없다. 대신, 할 수 있는 일을 찾아본다. 이 경우라면 가볍게 밖을 걸어보는 것이다. 만약 가벼운 산책조차 힘들다면? 그럴 때는 실내에서 10분 정도라도 천천히 걸어본다. 핵심은 어떤 상황에서도 아무것도 하지 않는 선택은 하지 않는 것이다.

<u>당신은 스스로 한 약속을 절대로 포기하지 않으며, 비록 행동으로 옮길 능력이 때로는 흔들릴지라도 그 다짐은 변함이 없다.</u>

당신의 목표는 매 순간 최선을 다하는 것이다. 어떤 날은 그 최선이 대단한 성과를 만들어낼 수도 있지만, 다른 날은 겨우겨우 한 걸음 내디디는 수준일 수도 있다. 그러나 중요한 것은 약속을 붙잡고 있다는 사실이다. 약속이 살아 있는 한, 결과에 상관없이 당신은 여전히 목표를 향해 나아가고 있다.

모든 습관에 대해 절대 멈추지 않는 약속을 적용하려고 하기보다는, 먼저 당신의 목표에 가장 크게 기여할 핵심 습관 한두 가지에 집중하는 것이 중요하다. 예를 들어, 매일 5분간 명상을 하거나, 하루 중 특정 시간을 정해 일정 기간 동안 글을 쓰는 것, 올해 말까지 매일 밤 잠들기 전에 배우자에게 감사의 말을 전하는 것, 스페인 여행 전까지 매일 20분씩 스페인어를 공부하는 것, 혹은 마라톤 완주에 성공할 때까지 맥주나

단 음식을 끊는 것과 같은 습관이 이에 해당할 수 있다.

이처럼 한 가지 영역에서 절대 멈추지 않는 약속 전략을 성공적으로 실천하면, 자기 절제를 더 잘 할 수 있고, 이를 통해 추가적인 습관을 일상에 더 쉽게 통합할 수 있다. 각 습관이 완전히 자리 잡으면, 이를 기반으로 다른 삶의 영역으로 약속을 확장할 수 있다. 이러한 접근법은 점진적으로 추진력을 얻고, 자기 절제력을 강화하는 데 효과적이다.

절대 멈추지 않는 약속을 만들 때는 다음 세 가지 요소를 기억해야 한다. 약속은 기간이 적절하고, 작고, 타협이 없어야 한다.

적절한 기간의 약속

절대 멈추지 않는 약속은 자기 절제력을 기르고 목표를 달성하기 위한 중요한 첫걸음이다. 이를 위해 언제부터 약속을 실천할지와 얼마나 지속할지를 명확히 정해야 한다. 이 시작 날짜는 달력에 표시하거나 잘 보이는 곳에 기록해 두어, 새롭게 시작하려는 목표를 계속 떠올릴 수 있도록 한다.

약속의 기간은 목표에 따라 달라질 수 있다. 며칠이나 몇 주 같은 짧은 기간일 수도 있고, 평생 지속하는 약속일 수도 있다. 특히 중요한 습관을 기르거나 중독을 끊으려는 경우에는 평생 지속하는 약속이 적합하다. 절대 멈추지 않는 약속은 에너지를 집중시키고, 변명을 없애며, 실패의 여지를 완전히 차단할 것이다.

이 약속 방식을 처음 시도한다면, 우선 실천 가능한 작은 약속으로 시작하는 것이 중요하다. 예를 들어, 10일 동안 설탕 섭취를 끊거나 3주 동안 매일 사회 불안 증상을 극복하기 위한 노력을 할 수 있다. 중요한 점은 핑계를 대지 않고 약속을 끝까지 지키는 것이다. 약속한 기간이 끝나면, 진행 상황을 점검하고 다음 단계를 결정하면 된다. 새로운 약속을 시작하거나, 약속의 기간을 조정하거나, 아니면 이 약속을 당신의 삶에 영구적으로 자리 잡게 할지 선택할 수 있다.

작은 약속

절대 멈추지 않는 약속을 만들 때는 작고 현실적인 목표로 시작하는 것이 중요하다. 새로운 습관을 처음 실천할 때 무리한 목표를 설정하거나 자신에게 과도한 부담을 지우는 것은 오히려 해가 될 수 있다. 작은 약속은 스트레스와 실망, 좌절을 피하면서도 부담 없이 시작할 수 있는 방법이다.

핵심은 약속의 크기와 상관없이 꾸준히 실천하며 포기하지 않는 것이다. 서두르지 않아도 된다. 중요한 것은 당신의 결정을 끝까지 지켜내는 것이다. 마치 생사가 걸린 일인 것처럼 진지하게 임해야 한다. 하지만 뭔가를 '하지 않는' 약속의 경우, 예외가 있다. 예를 들어, 담배나 술을 끊는 경우에는 조금씩 줄이는 것보다 단번에 완전히 끊어내는 것이 더 효과적일 수 있다. 천천히 줄이기보다 단기간의 어려움을 감수하는 편이 중독을 끊고 장기적인 성공을 이루는 데 더 나은 방법이 될 수 있다.

타협하지 않는 약속

절대 멈추지 않는 약속을 실천하는 동안에는 어떤 핑계도 용납하지 말고 행동에 나서야 한다. 상황이 어떻든, 기분이 어떻든, 약속을 반드시 지켜야 한다. 의심이 들거나 두렵거나, 몸이 아프거나 혼란스럽거나, 의지가 약해지는 날일지라도,

포기하지 말고 행동해야 한다.

예를 들어, 소설을 쓰는 중이라면 절대 멈추지 않는 약속으로 하루에 단 한 단어라도 쓰겠다고 결심할 수 있다. 한 단어만 쓰는 것이 너무 적어 보일 수도 있지만, 심리적으로는 강력한 효과를 발휘한다. 한 단어도 쓰지 않는 날은 없을 것이라고 스스로와 약속하라. 설령 정말 바쁘고 힘든 날이어서 자리에 앉아 글을 쓸 시간이 거의 없더라도, 단 한 단어를 쓰는 건 가능하지 않겠는가? 하지만 현실에서는 그렇게까지 극단적인 상황에 내몰리는 일도 드물다. 단 한 단어를 쓰기 위해 앉았다가 한 문장을 쓰게 되고, 한 문장을 썼다면 한 문단까지 이어지는 경우가 많다. 이 접근법의 가장 큰 장점은 어떤 날은 많은 진전을 이루고, 또 어떤 날은 최소한의 성과로도 흐름을 이어갈 수 있다는 점이다. 이 두 가지 모두 중요한 의미를 지닌다.

매일 반드시 달성해야 할 최소한의 목표가 있음을 스스로에게 상기시켜라. 비가 오나 눈이 오나 어떤 상황에서도 이를 이루겠다고 다짐하라. 이 목표는 당신의 '경기 전 루틴'과

연결될 수도 있고, 다음 단계로 나아가기 위한 완벽하지 않은 첫 번째 팬케이크 같은 것일 수도 있다. 무엇을 약속할지는 전적으로 당신에게 달려 있다. 중요한 것은, 한 번 약속을 정했다면 더는 고민하지 말고 행동으로 옮기는 것이다.

SUMMARY

- 장기적인 절제란 역경과 도전이 필연적으로 찾아올 것이며, 그것이 과정의 일부임을 이해하는 것이다. 중요한 것은 자신의 한계와 조화를 이루며 살아갈지, 아니면 그것들에 맞서 싸울지를 선택하는 것이다. 기대치를 현실적으로 조정하고, 언젠가는 어려운 순간이 찾아올 것이라는 사실을 자연스럽게 받아들이는 태도가 필요하다.

- 타이밍이 핵심이며, 그 외의 요소들은 타협할 수 없다. 자신의 한계를 무시하는 것보다 자연스러운 주기에 맞춰 균형을 유지하고 계획을 세우는 것이 더 현명하고 효과적인 방법이다. 약 90분 주기로 나타나는 울트라디언 리듬을 활용해 활동을 계획하라. 집중적으로 깊이 있는 일을 하고, 적절한 순간에 제대로 된 휴식을 취하는 것이 중요하다.

- 의욕 수준이 오르내리는 것은 자연스러운 현상이다. 경기 전 루틴은 이런 변화 속에서도 좋은 습관을 유지할 수 있게 돕는다. 자기 절제는 일이 쉬워진다는 뜻이 아니라, 우리가 더 강해진다는 의미다. 경기 전 루틴은 쉽고, 자동적이며, 활동적이고, 매일 꾸준히 실천할 수 있어야 확고히 자리 잡을 수 있다. 이 모든 과정에서 가장 어려운 부분은 시작하는 것이다.

- '중요한 일 먼저 하기'는 매우 유용한 원칙이다. 기한이 임박했거나 피하고 싶은 중요한 일을 아침이나 가장 집중력이 높을 때 먼저 처리하라. '첫 번째 팬케이크'처럼 처음 시도한 결과물이 완벽하지 않아도 괜찮으니, 이를 먼저 해결하고 다음으로 나아가라. 중요한 것은 집중력 있고 전략적인 행동이다. 워런 버핏의 두 가지 목록 기법처럼, 우선순위가 높은 다섯 가지 목표에만 집중하고 나머지는 과감히 잊어버려라. 어떤 방식으로 접근하든, 가장 크고 중요하고 어려운 일을 먼저 처리하는 것이 최선이다.

- 절대 멈추지 않는 약속은 습관의 최소 기준을 정하고, 이를 정해진 기간 동안 반드시 실천하는 것이다. 목표를 향해 아무것도 하지 않는 상황은 절대 허용하지 않겠다는 다짐을 하라. 그렇게 하면 동기 부여나 영감에 의존하지 않고도 꾸준히 앞으로 나아갈 수 있다.